王清任

解剖大家

李长玲　李岩　编写

吉林出版集团股份有限公司
全国百佳图书出版单位

图书在版编目（CIP）数据

解剖大家　王清任 / 李长玲，李岩编．-- 长春 ：吉林出版集团股份有限公司，2020.2（2023.5重印）
ISBN 978-7-5581-7915-0

Ⅰ．①解… Ⅱ．①李… ②李… Ⅲ．①王清任（1768-1831）-传记 Ⅳ．①K826.2

中国版本图书馆CIP数据核字(2019)第260564号

解剖大家　王清任
JIEPOU DAJIA
WANG QINGREN

编　　写　李长玲
　　　　　李　岩
策　　划　曹　恒
责任编辑　黄　群
　　　　　林　琳
封面设计　MM末末美书

开　　本　710mm×1000mm　1/16
字　　数　75千
印　　张　8
版　　次　2020年2月第1版
印　　次　2023年5月第2次印刷
出版/发行　吉林出版集团股份有限公司
地　　址　吉林省长春市福祉大路5788号
邮　　编　130000
电　　话　0431-81629968
邮　　箱　11915286@qq.com

印　　刷　三河市金兆印刷装订有限公司　ISBN 978-7-5581-7915-0　定　价　39.80元

前言

中医文化是中国优秀传统文化的重要组成部分，具有创新文化的潜质。中医学是中国传统科学中沿用至今的富有中国文化特色的医学，它具有完备的理论体系，独特的诊疗方法和显著的临床疗效等特征。在中华民族五千年的历史长河中，中医学始终担负着促进人身健康的重要角色，是中华民族长期同疾病作斗争的智慧结晶，它为中华民族的繁衍、昌盛提供了重要保障。

《解剖大家　王清任》这本书主要收录了王清任的成长经历和奇闻逸事等。读者通过这些故事，可以了解中医名家救死扶伤、拯救天下苍生的医德精神和中医文化的博大精深。

本书内容通俗生动，易于读者阅读。书中配以与中医文化知识相关的图片，并选取了具有代表性的王清任家乡的特色风光作为跨页大图，使本书的内容更加生动传神，更具亲和力和吸引力。本书不仅是为了让读者了解中医文化，更是为了讲好“中国故事”“中医故事”。

希望通过本书，读者对优秀中医文化会有更加深刻的了解和认识，能够更加热爱中医文化。通过我们对医学名家的传颂，优秀的中医文化必将再放异彩。

MU 目 LU 录

王清任（1768—1831 年），清代医学家。字勋臣，河北玉田人。著有《医林改错》。

第一章

革故鼎新　医界奇人

著书不明脏腑，岂非痴人说梦。治病不明脏腑，何异盲子夜行！

——王清任

王清任，又名王全任，1768年，出生在今河北省唐山市玉田县鸦鸿桥镇河东村一个富有的大庄户人家。

王清任从小生得高大强壮，自幼习武，青年时曾考取科举武秀才。清朝的时候，很多不那么重要的官职，朝廷是允许民间花钱来买的，王清任父母看他是个做武官的料，就在家乡出钱给他捐了个千总（一种下级军官）的官衔。可王清任是个性情刚正耿直的人，认为自己空有一身好武艺，到头来却只能靠花钱捐个小官做，这令他感到沮丧失落，尤其是当他目睹了官场的腐败之后，更是不愿与之同流合污。又眼见当时疫病肆虐，生灵涂炭，民生疾苦，

中药铺

于是他心中渐渐生出“不为良相，愿为良医”的愿望。二十岁时，王清任便下定决心，此生改习岐黄，以医为业。

有一年，玉田县出了这样一件事，彻底改变了他的人生道路。当地那座有名的鸦鸿桥，本是早年由官府出资修建的公桥，供当地百姓免费通行。可是，现任的玉田知县为了增加财政收入，便打算把此桥作为官桥官产，收取往来通行费用，这引发了当地民愤。王清任也义愤填膺，他虽然有官职在身，但为了维护当地百姓利益，他不计个人得失，毅然决定为民请愿，反对收费。公堂之上，王清任义正词严，据理力争，知县理屈词穷，不得不放弃了收费的打算。但是，知县怀恨在心，便暗中唆使当地几位曾经找王清任治过病而没有治好的患者家属来县衙告状，要以追究医疗事故为由治王清任的罪，借机把他赶走。此事也最终促使王清任下定决心，此生以医为业。经过一番周折，官府答应不予追究，但作为交换条件，王清任必须离开玉田县，另谋生计。于是，他只好辞官离乡，漂泊异地，先后在北京和奉天（今沈阳）一带行医，后来还在北京开了一家药铺“知一堂”，取阳明心学的“知行合一”和中医学传统理论的“五行归一”之意。由于王清任医术高明，在京城里颇有名气。

早年在家乡行医的时候，两个奇怪的病例曾给他留下了深刻印象：一个是有位七十四岁的老者，不管多冷的天气，晚上睡觉时一定要敞开胸膛，否则无法入睡；另一个是有位年轻的妇人，正好相反，睡觉时总要让女仆坐在自己胸脯上，否则无法入睡。王清任认为，虽然两个人在临床上所表现出来的症状有所不同，但病因病机却是一样，都是由于胸闷气短所致，所以他就大胆地给两位病人开了相同的药方，没想到把两个人的病都治好了。这个奇怪的现象引发了他一连串的深入思考：为什么同一服药却能治好症状相反的病？男人和女人的胸部构造是否相同？他进而反问自己：我连人体脏腑的构造都不清楚，这还怎么治病？这次治愈应属巧合，定要探明究竟才好。

这时的王清任已通读古代医籍，在学习过程中，他对古书中很多有关人体脏腑器官位置和功能的记载描述逐渐产生了怀疑，发现其中有很

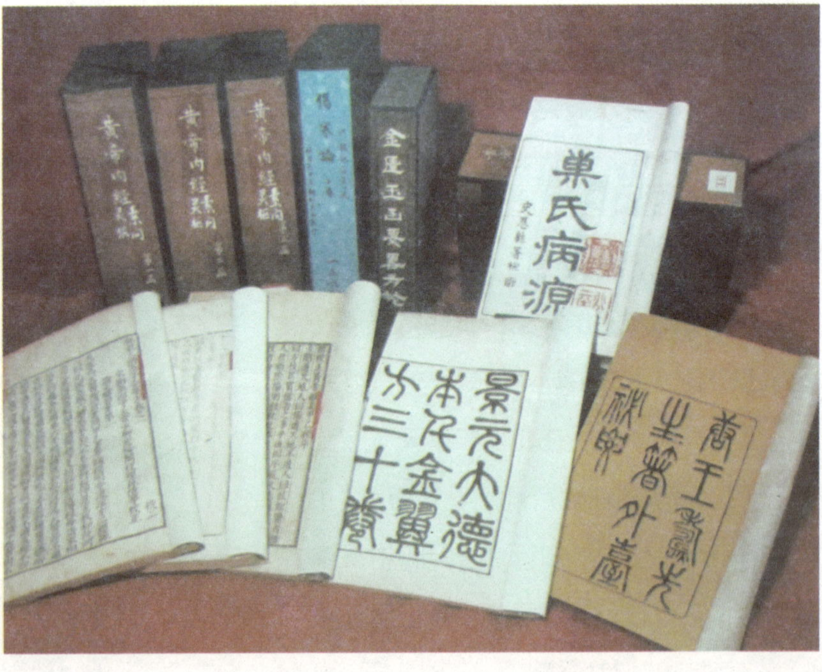

古代医学著作

《类经》

多矛盾和错误之处。在外行医的过程中，他更是深感人体解剖知识的重要。比如，古代经典医籍《难经》中说，肺像一个蜂窝，没有大的孔窍，吸则满，呼则虚；但此书另一处又说，肺下部有二十四个大的孔窍通气。又比如，有的古医书中认为心是思想的器官，有的则说思想产生于脑，莫衷一是。让王清任最疑惑的，还是古医籍中对于肾的看法。《灵枢》中认为，肾有左右两个，中间相连走气的地方是命门；《难经》中则说，“肾两者，非皆肾也，其左者为肾，右者为命门”。他于是感慨道：“著书不明脏腑，非痴人说梦。治病不明脏腑，何异盲人夜行！”从此，王清任开始了对人体生理解剖结构的系统观察研究。

中国古代的传统观念历来忌讳人体解剖，一是认为这有悖人伦道德，是对死者的不敬；二是认为尸体被破坏了，不利于死者的灵魂转

古代漆棺

世超生。所以，历朝历代不论官府还是民间，都严禁人体解剖，这就给王清任的脏腑研究造成了很大困难，他不得不另想办法，寻找各种宝贵的机会。

话说在某年的夏末秋初，河北省流行一种很严重的小儿传染病，患病的孩子们先是以腹痛、拉肚子的症状为主，之后就开始便血。就是这么一个小小的胃肠道感染病，每天却夺去了数以百计的孩童的性命。很多家长没有钱为孩子买棺材，于是就将自己孩子的尸体用草席卷起来，然后埋在村南的乱坟岗上。由于孩子们的尸体没有用棺材安置，所以过不了几天，有的尸体便被风吹了出来，有的尸体甚至被野狗扯了出来，场面极其血腥，简直让人不忍直视。

狗

王清任闻听此事之后，便背起行囊，急匆匆地赶到了乱坟岗，一探究竟。他想通过观察这些尸体，尽快弄清楚小儿的脏腑结构，以便尽快攻克这项传染病。但暴露在外的小儿尸体，大多数已经体无完肤，因为他们多是被野狗扒出来的。野狗们为了充饥，怎会让小儿尸体完整？再加上小儿尸体放置的时间太长，即便是埋在土里的，也会散发出阵阵的恶臭，这无疑为王清任探索小儿脏腑结构增加了难度。尽管困难重重，王清任从未想过放弃，每当发现一具完整的尸体，他都悲喜交集。悲的是他会联想到，这生前该是一个活蹦乱跳的孩童啊，可如今因为这该死的疾病，早早地离开了人世；喜的是，尽管乱坟岗上尸体众多，但是没被野狗破坏的却少之又少，只有这种完整的尸体，才会更加有助于自己对小儿脏腑的研究。就这样，经过数日的研究，王清任对小儿脏腑组成有了初步的认识，起码让他推翻了前人所说的“小儿的脏腑是成而未全”的观点。

王清任对于尸体的研究与探索，可谓困难重重，问题不仅在于很难遇见完整的尸体，更在于在当时那个年代，人们的思想极其保守，大多数人都认为将尸体进行解剖，是有悖于伦理道德的，这无异于是一件大逆不道的事情。王清任顶着重重的压力，一次次地进入刑场和乱坟岗等地，只为将人体的脏腑结构研究清楚。

据说在嘉庆年间，王清任在奉天一带行医时，刚好辽阳有一位二十六岁的妇女，因为身患精神类疾病，病情发作之时误杀了自己的丈夫和父亲，官府将其判处凌迟。王清任随着浩浩荡荡的围观人群，跟到了西关。忽然，王清任意识到这位即将行刑的罪犯是一位年轻的

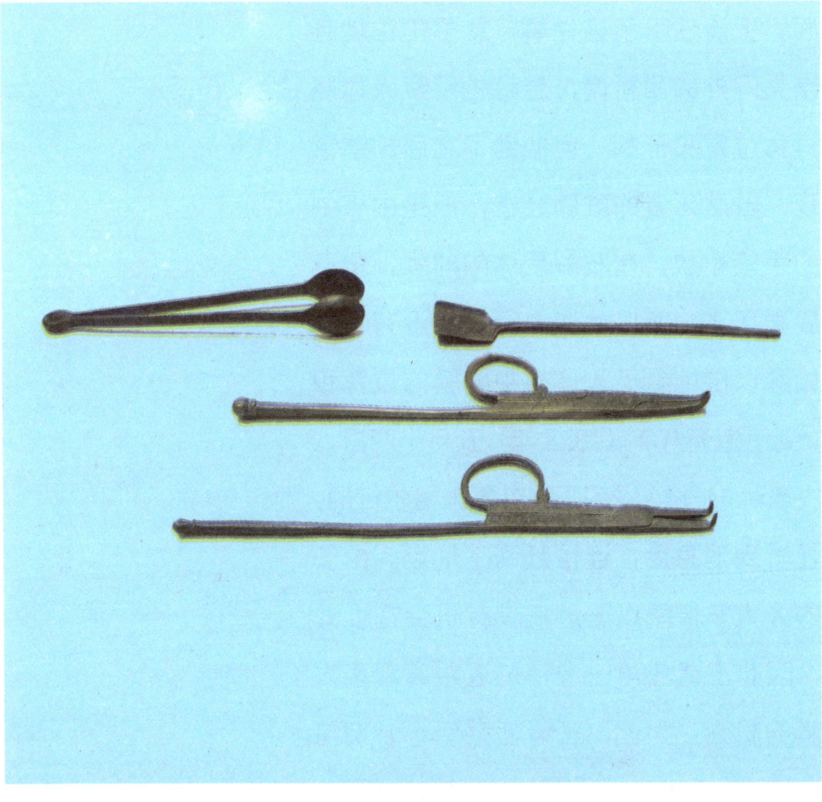

古代外科手术器械

女性，心中顿时升起恻隐之心，甚至不忍心前去观看。过了一会儿，只见行刑者手里拿着女囚的脏腑，缓缓地从人群中走过，王清任把眼睛眯成一条小缝，仔细观瞧，原来女性的脏腑器官与之前所见男子、儿童的脏腑一模一样。

又过了一段时间，王清任来到了京城。有个人不知道因为什么原因打死了自己的母亲。这在当时是最严重、最恶劣的罪行之一，朝廷将其判处凌迟，以此作为对犯下恶逆之行的罪人的最严厉惩罚，同时也起到警示后人的作用。所以没过多久，就将犯人进行了凌迟。凌迟后的尸体被放在了崇文门外吊桥的南面。王清任听了这件事，急急忙忙地赶到了崇文门外的吊桥南，想趁机观察人体膈膜的具体位置和形状。但他到了之后却遗憾地发现，虽然死者的脏腑还在，但是由于刽子手的手段粗放，在肢解尸体的时候，早已将膈膜破坏了。所以此次之行，并没有让王清任如愿以偿地看见人体当中膈膜的位置和形状。到了道光八年（1828 年）五月十四日，朝廷决定对“张格尔之乱”的首犯张格尔行刑，王清任听到消息后，连忙赶到了刑场。由于围观的人太多，所以王清任没有机会在近处观看，因此王清任再一次错过近距离观察人体膈膜的机会。为此，王清任感到十分惋惜

居庸关长城

居庸叠翠

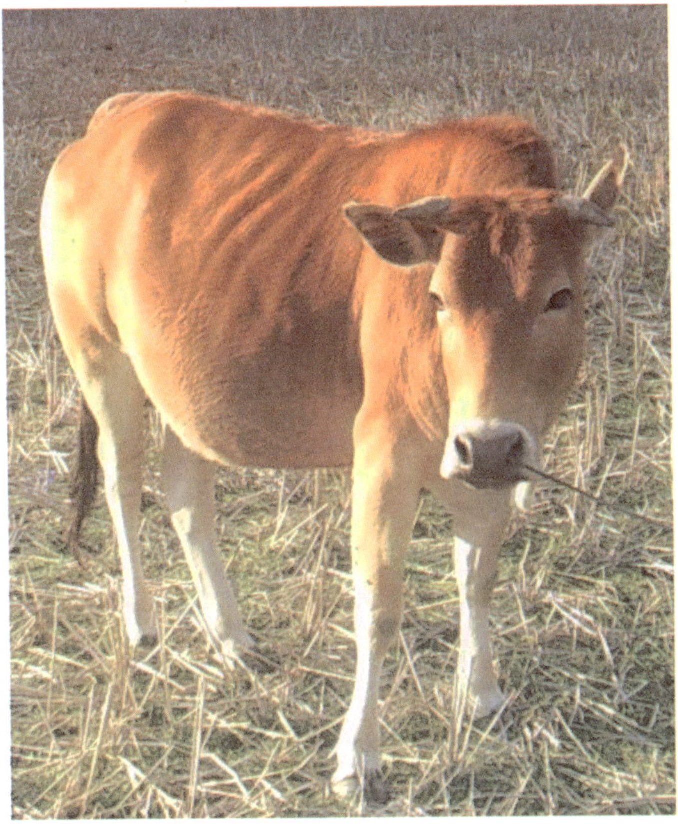
黄牛

与自责。在以后的行医过程中，王清任没有一刻放弃对人体膈膜的探索。令人遗憾的是，尽管经过了四十几年的研究，王清任对于膈膜的探究，还是没有达到十分清晰的境地。

王清任还会经常向那些久经沙场的军人请教。比如，经友人介绍，他登门拜访了当时居住在京城的清军将领恒敬。恒敬多次带兵征战西北，对战场上那些开膛破腹的尸体可谓屡见不鲜，王清任便向他详细请教了人体脏腑的构造。当恒敬知道了王清任的来意之后，被他勤奋好学、实事求是的治学态度深深地感动了，于是很高兴地把自己知道的情况全都告诉了这位虚心好学的年轻人。王清任为了更深一步地探

手绘脏腑器官示意图

索脏腑结构，还解剖家畜，借助动物和人在生理构造上的相似性来间接研究人体脏腑，他也因此成为我国历史上第一个开展动物解剖实验研究的医学家。

1830 年，王清任依据自己四十二年间实地观察记录研究而绘制成的《亲见改正脏腑图》，连同他行医的临床心得及其他有关的医学论述，合著成《医林改错》一书，并刻版刊行。这是一部划时代的医学著作，书中绘有人体器官图谱几十幅，记录自创新方三十余个。全书共分上、下两卷。上卷以“脏腑记叙”开篇，载有“古人所绘脏腑图形”和“王氏亲见改正脏腑图形”，并从解剖学和生理学角度撰写了“脑髓说”“气血合脉说”等章节，记叙其通过尸体解剖观察的所见所得，纠正了古人在脏腑解剖和生理功能认识上的很多错误，并阐明其“业医诊病，当先明脏腑”和“治病三要诀，在明白气血”的学术观点。上卷中还包括“方叙”以及瘀血形成的病理和瘀血证治的论述，并分别创制活血化瘀新方剂。下卷主要论述其运用中医气血学说对五十余种病症的临床医学理论认识和诊治经验，着重介绍了其结合不同病症的病因病机特点而创制的活血化瘀方剂，大大丰富了中医瘀血理论和活血化瘀疗法的临床实践，并成为现代中医研究的一个热点问题。

知识加油站

知行合一

知行合一，由明朝著名思想家王守仁提出，意即认识事物的道理与在现实中运用此道理是密不可分的。知是指良知，行是指人的实践，知与行的合一，既不是以知来吞并行，认为知便是行，也不是以行来吞并知，认为行便是知。

它是中国古代哲学中认识论和实践论的命题。王阳明认为，不仅要认识（知），尤其应当实践（行），只有把“知”与“行”统一起来，才能称得上“善”。致良知，知行合一，是阳明文化的核心。

王守仁名言

第二章

脏腑求真　医林改错

> 学问之成立在信，而学问之进步在疑。非善疑者，不得真信也。
>
> ——蔡元培

王清任作为生活在清朝中晚期的有识之士，眼看着清王朝逐渐没落，国家面临各种内忧外患，黎民百姓过着水深火热的生活，心如刀绞。他十分想要改变这种状况，但又力不从心。他心想自己既然没有办法征战沙场，那莫不如投身于拯救患有病痛的百姓的医学大业之中。于是他心怀着医者救人的仁心，潜心钻研医术，在看病救人的同时，著书立说。

王清任的唯一一部著作就是《医林改错》，可以说这本书倾注了他毕生的心血。成书之前，他深刻地意识到如果不懂得脏腑理论知识就去给患者治病，是非常不严谨的一件事情。他甚至说，这是对患者不

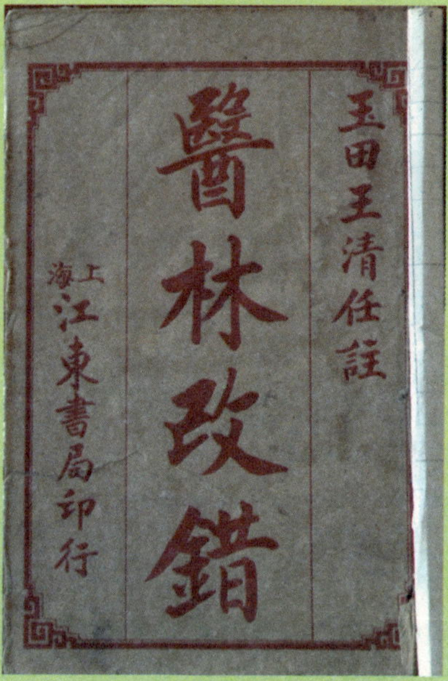

《医林改错》

负责任的表现。所以，他立志要写成一本有关解剖类的图书，纠正前人的错误，明确脏腑的位置、形状和功能。他为人严谨，同时胆识过人，为了撰写《医林改错》，到处去寻找尸体。他去过刑场观察过被肢解的女尸，也去过荒郊野岭观察过得了传染病不幸夭折的孩童……总之，为了写成这本书，王清任可谓呕心沥血，对于任何的疑问，从来都不会草草了事。由此可见王清任治学之严谨。

《医林改错》全书数万字，具体分为上下两卷，王清任在十余年内，通过多次的临床实践，自订方剂共计三十余首， 用药达两百余味，其中主要以活血化瘀类为主。上卷又具体分为两个部分，第一部分主要

围绕脏腑展开，重点论述了掌握脏腑知识对于一位医生从医治病的重要作用，同时严肃地指出了古人对于脏腑知识的错误认识，并把古人对于脏腑知识的错误认识加以改正，手绘了大量的解剖图谱，使人们能够更加直观而清晰地了解脏腑结构， 极大地丰富了当时的脏腑解剖知识，为医学发展做出了极大的贡献。第二部分主要就是对临床经验以及方剂的论述，重点讲述了自己行医的经验感受，以及自己创立的这些方剂的组成原理、配伍方式，还有主治作用等。

王清任有个朋友，名字叫作薛文煌，字朗斋，通州人，平日里对医学很感兴趣，可以说与王清任是志同道合。在道光十年（1830 年）二月的时候，薛文煌要去山东，临行前来与王清任道别，两人在交谈

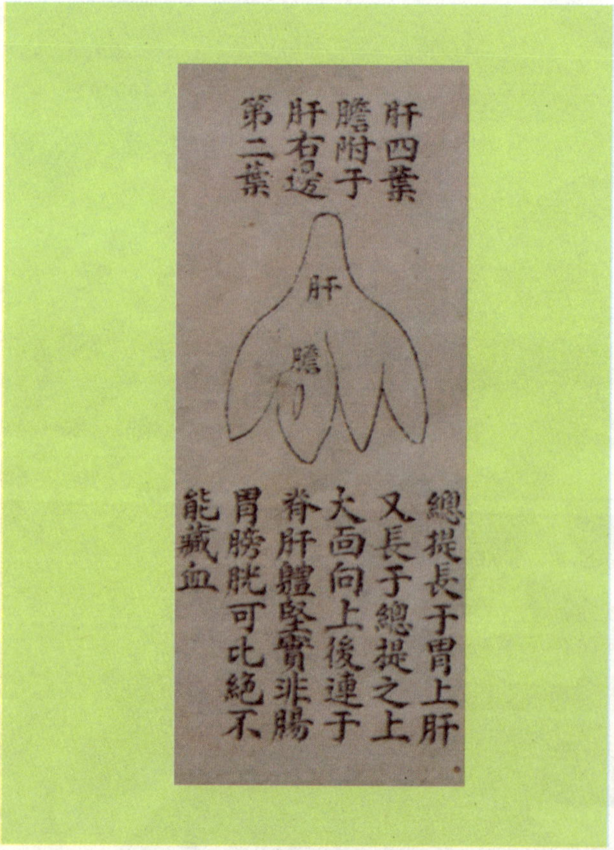

手绘肝胆功能示意图

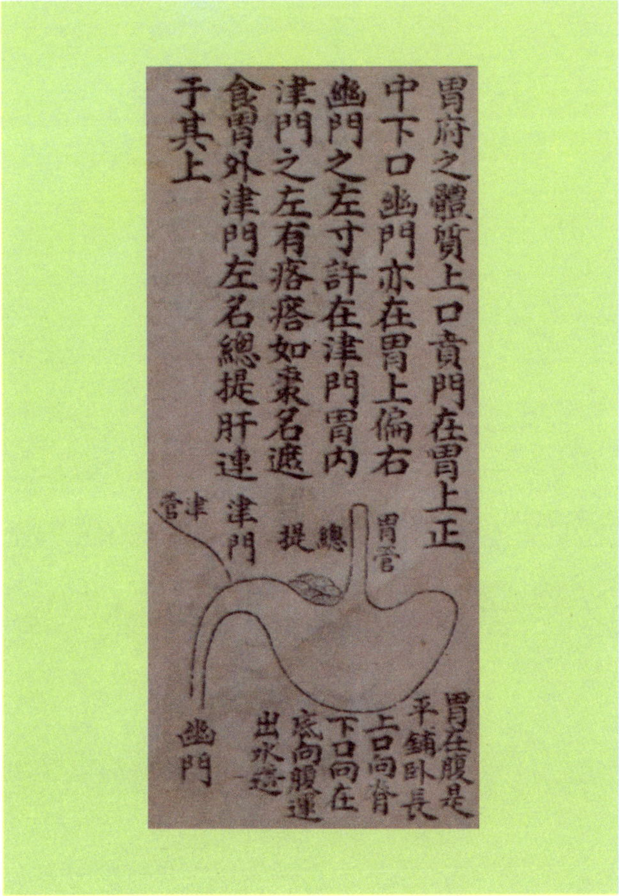
胃府之體質上口賁門在胃上正
中下口幽門亦在胃上偏右
幽門之左寸許在津門胃內
津門之左有瘩瘩如棗名遮
食胃外津門左名總提肝連
于其上
津管
津門
總提
胃管
幽門
胃在腹是
平鋪卧長
上口向脊
下口向在
底向腹連
出水道

手绘胃功能示意图

的过程当中，谈及有关古人认为的生血之源的话题。在古代，有的人认为心生血，有的人认为脾统血，也有的人认为脾生血，还有的人认为心统血……总之，说法不一，久而久之，也不知道到底哪一家是正确的。王清任认为古人的说法都不全面，他认为心是通气的管道，因此心中并没有血的存在。朗斋认为王清任说得不正确，他认为心中是有血的，于是反驳道："所有的心脏都有血，为什么偏偏人的心脏没有血？"王清任又问："你是指什么东西的心脏有血？"朗斋答："古人有用猪心的血液作为丸药材料的，这不就是猪心有血的证据吗？"王清任答曰："这就是古人认识错误的地方，并不是说

草原上的羊群

猪的心脏里有血，而是说屠夫将猪的心脏用刀不慎刺破，猪的腹腔血液流入于心，所以猪的心脏才有了血。其实猪的心脏里原本是没有血的。我看到过很多没有被刺破的动物心脏，它们的里面并没有血液，不信你可以看一看杀羊，屠夫只是割羊的脖子，而不是刺羊的心脏，羊的心脏内就是无血的。”朗斋听了之后，若有所思地点了点头，便与王清任告别了。像这样，王清任在《医林改错》中，纠正了很多前人对脏器的错误认识。

下卷当中，王清任首先讲述了自己写此著作的目的，以及他对历代医家著书立说出发点的态度。他认为医生在书写医书的时候，应该心存博爱，时刻以治疗患者的病痛为己任。对于同一病症的治疗，一定要多多临床，反复实践，确保万无一失之后，才可以传与后世医家。至于那些没有彻底了解清楚的病症，著书的医家万万不可断章取义，更不可以为了虚荣而擅自推断。如果有不确定的病症，应该留于后世医家继续探索，而不是当时不懂装懂地妄下言论。如果擅自总结开方，这个方剂恰好被患者应用，那岂不是相当于在用活人做试验，这是何等不尊重生命啊！由此可见王清任对于学术的严谨态度。时至今日，他的这种对于科学求真务实的精神，仍然值得我们推崇。

茯苓

解剖学在我国古代早已有之，《内经》中就有关于这方面的论述，扁鹊、华佗等医家对此都有过研究。汉代的王莽就曾解剖过人体，并对内脏尺寸做了测量。宋代还有一部专门的解剖学著作《存真图》，是关于人体解剖的写实图画。据说宋代的医学家张济为研究针灸，曾解剖过一百七十多具尸体。但是，这些研究成果要么过于简单肤浅，要么已散落失传，流传下来的也有很多谬误之处。总的来说，在中国古代，儒家“身体发肤，受之父母，不得毁伤”的观念根深蒂固，人体解剖成为禁忌，使得生理解剖学始终未能得到充分发展，长期处于停滞的状态。

华佗像

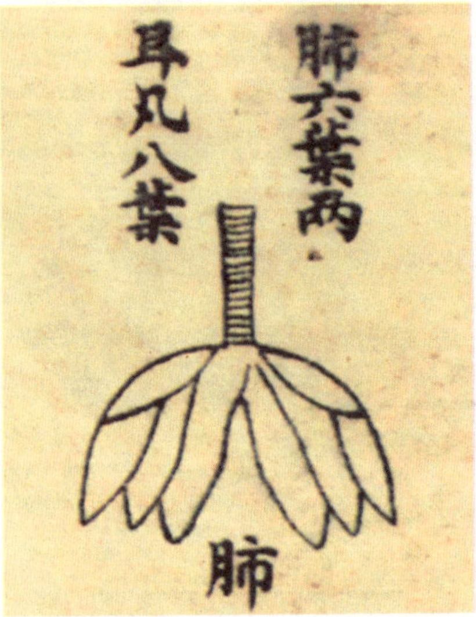

手绘肺器官示意图

王清任在《医林改错》序言中感慨道:“古人说,做一个好医生容易,做一个好宰相难,可是,好的宰相世代都有,但清楚人体脏腑的医生却一个也没有。”他认为脏腑之学是医学的“本源”,他就是要立志精研人体脏腑之学,做古今“医林改错”的第一人。

在《医林改错》一书中,王清任从解剖医学的角度出发,对很多从古代传下来的谬论做出了颠覆性的更改,同时提出了自己独到的见解。首先,王清任对人体的体腔分布提出了自己的观点。他认为人的体腔主要由两部分组成,一是胸腔,二是腹腔。其次,在呼吸系统方面,他推翻了之前人们认为的“肺有六叶”的错误观点,明确指出肺是由两叶组成。另外,王清任还通过对大量尸体以及动物心脏的解剖观察,确定了卫总管、荣总管、遮食、津管以及总提的存在。

特别值得一提的是,在有关心血管系统的研究方面,王清任对于动脉以及静脉的描述,在他那个年代,可以称之为是最具权威性和代表性的。王清任在心血管方面的认识与今日医学对心血管的认识并没有太大差距。在消化系统方面，在王清任之前，人们认为人体之内的肝脏共分为七叶，其中左侧为三叶，右侧为四叶。王清任却不这样认为，他认为肝脏一共由四叶组成，并且在右侧第二叶肝脏上，有胆依附于其上。对于泌尿系统的解剖研究，王清任认识到人体有左右两个肾，并且这两个肾无论是从生理结构还是所司的功能上来讲，大体都是一致的。古人们一直觉着经络就是血管，并且每个五脏六腑都向外长出两根管道，只有膀胱特殊，它向外长出四根管道。但是王清任根据自己多年对人体的研究，以及对尸体的观察，得出了一个结论，即五脏六腑并没有向外生长血管的事实，于是王清任将自己的所见绘制成图，以供后人学习。

此外，王清任通过对肾脏和生殖腺的对比研究，得出了肾脏主管泌尿系统，而生殖腺主管“生精”和“藏精”。与此同时，在对膀胱的认识当中，他意识到对于女性来讲，“精道”即指女性的子宫。遗

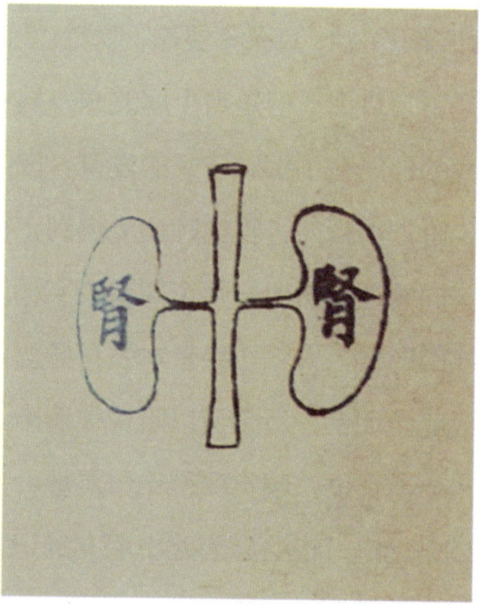

手绘肾器官示意图

憾的是，尽管王清任对肾脏及膀胱有很深入的研究，但最终他还是没有发现输卵管这一人体的重要组成部分。

《黄帝内经·素问》中有“心者，君主之官也，神明出焉”的说法，千百年来，人们都对“心主神明”的观点坚信不疑，认为心脏是思想的器官。王清任对于大脑的研究，在那个年代也达到了很高的境界，这也是十分难得的一件事情。在王清任之前，人们都认为心是人们产生思维的器官，人们在日常生活当中产生的怒、喜、思、悲、恐、忧都是从心而来，而不是从脑而来。王清任却不这么认为，他认为人类所产生的一切思维活动，都是来自脑，而非心。王清任拿小儿举例子，说小朋友在刚出生的时候，脑子发育得不健全，囟门很软，眼睛转动得不灵活，耳朵不灵敏，嗅觉也不太好，同时还不会讲话。但是当小朋友满一周岁的时候，大脑已经有了相对较好的发育，囟门逐渐闭合，听力、视力、嗅觉等功能得到了很大的进步，同时还能讲出一两个简单的字词。等到三四岁的时候，大脑已经基本发育健全，囟门也已经完全闭合，耳朵可以听得很清晰，眼睛看起来十分灵动，嗅觉变得十分灵敏，并且还可以成句地进行讲话。因此小朋友的记忆力不好，并不是因为他们的智力有问题，而是因为

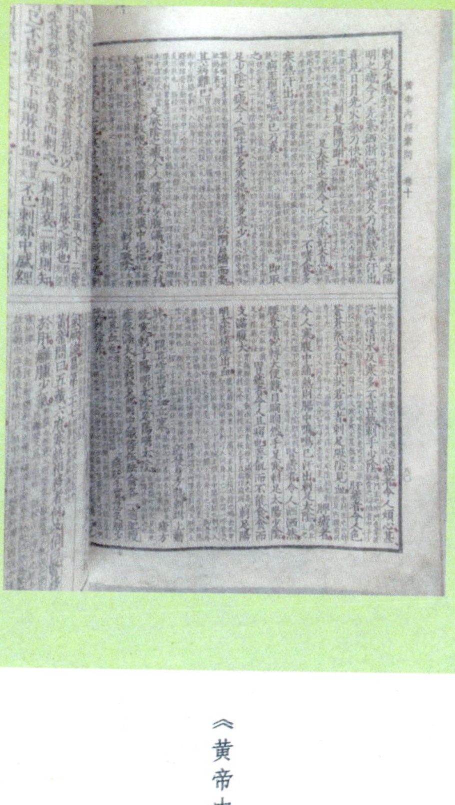

《黄帝内经·素问》内文

他们的脑还没有发育完全，所以说脑才是主管人思想的重要部位。

王清任在对于脑的认识方面，主要有两大贡献，一是纠正了前人对于大脑的一些错误观点，另外就是提出了人的思维活动是由大脑产生，并不是由心产生的观点。与此同时，他还提出了另外一个观点，那就是如果大脑产生了病症，会导致器官也发生相应的病症。王清任对于脑的认识，与当今解剖医学对脑的认识没有特别大的出入，这一点难能可贵。

《医林改错》中，王清任在前人解剖学研究的基础上，对其中很多方面做了补充和修改，纠正了前人关于脏腑经络的很多错误论述和自相矛盾之处，指出很多脏腑器官正确的解剖学方位及其生理功能，这些结论大都与现代解剖学的研究结果相符。

在此基础上，王清任在《医林改错》中提出了“气血合脉说”。他对气管、血管等器官的观察描述是对动脉静脉的较早发现，虽然还不够全面，甚至有错误之处，如未能了解动脉血管的功能、动脉与心

初春美景中的清东陵

解
剖
大
家

JIE
POU
DA
JIA

36

王
清
任

WANG
QING
REN

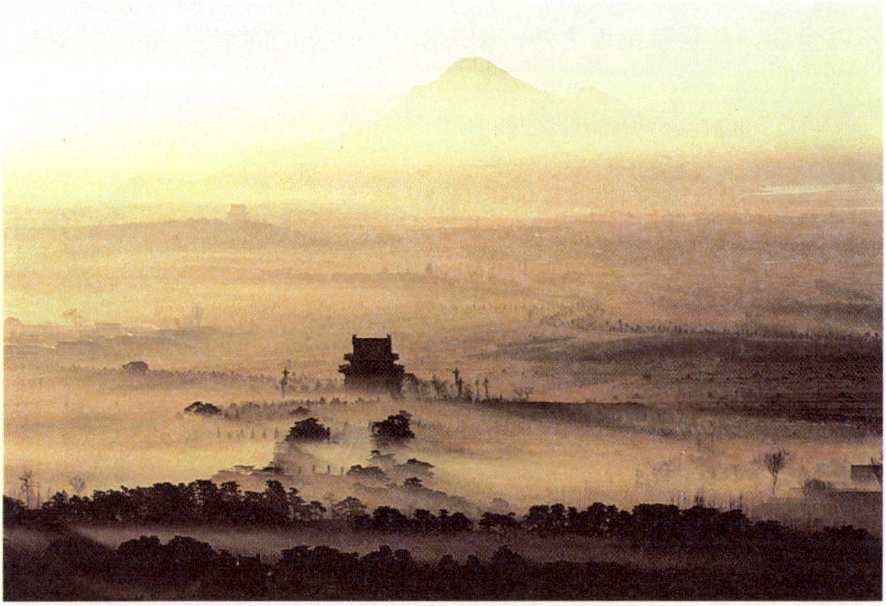

云雾中的清东陵

手绘心脏器官示意图

脏的关系以及动静脉循环的功能等。然而，他对经络及脉的浮沉、虚实、大小随人体病理变化规律的论述，在当时来讲却是很有价值的。

据说王清任有一个侄子，一日，侄子来家里做客，看见王清任所绘的脏腑图谱，说道："伯父，根据您所画的脏腑经络图，我知道了由卫总管发出的气管遍布全身，这些气管并不是从脏腑发出来的。古代的医家令我很是不解，就拿张仲景来讲，如果他不明白经络的含义，那又是怎么总结出那么多有效的经方呢？"王清任答道："侄儿你莫心急，仔细探究，你就会明白其中的道理。你看张仲景的首篇，首篇讲的是足太阳膀胱经的病。这个病是因为身体染上了寒邪，患者的表现为头

桂枝

痛、发热、恶寒等症状，仲景建议用麻黄汤进行治疗；如果表现为发汗，则证明是伤风，推荐用桂枝汤治疗。我们讨论的是足太阳经，足太阳经与两足相通，又通两手，但是奇怪的是，邪气可以传递到足六经，却不能传递到手六经，这不就是前人不懂经络的证据吗？”

王清任生性直率，一生可谓光明磊落，在《医林改错》当中书写有关气血合脉的部分时，他曾说：“我所说的内容，都是实事求是的，没有半点虚假，如果我有说过半句假话，我愿意接受老天的惩罚。”

王清任认为通过脉诊判别生死不是一件难事，但是通过脉诊准确诊断疾病就是一件很不容易的事情了。王清任还认为，治病救人的关键在于明白气血的运行，无论是对于外感的病人，还是内伤的病人，医生要清楚患者伤的不是脏腑，不是筋骨，也不是皮肉，而是气血。王清任一直强调，人体之气有虚实之分，实者是邪气实，虚者则是正气虚。半身不遂和小儿抽风就是正气虚的表现。针对与血有关的疾病，王清任认为血虚一定有其原因，要么是吐血，要么是便血，要么是崩漏，总之无论是何种原因引起的血虚病，作为医家，都要从患者的整体表

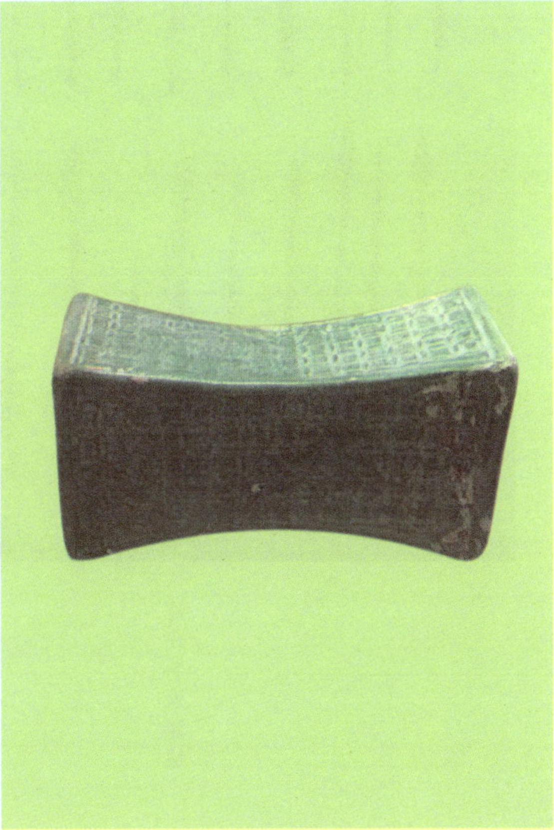

清代脉枕

解
剖
JIE
POU
大
家
DA
JIA

40

王
清
任
WANG

QING

REN

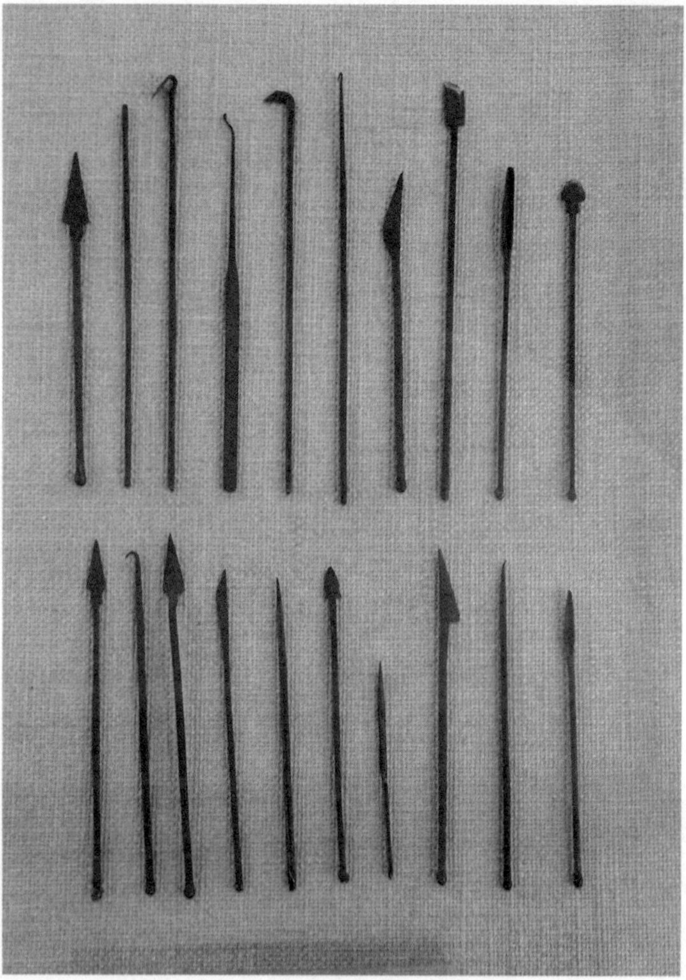

清代手术器械

现出发，不可以模棱两可地妄下言论。

王清任深感临床实践的重要性要超过理论建构的重要性，从而以临床实践作为依据重新建构中医脏腑理论体系。临床实践成为其医学研究的出发点和归宿。研究脏腑的目的是为了治病，而改错的目的正是为了使病情与脏腑相合。由于大大提高了临床治疗的目的性认识，王清任的临床经验和疗效都有很多超越前人之处。

在中国医学发展史上，王清任是以医师身份亲自参与人体解剖的第一人。他研究人体解剖学四十余载，限于当时的历史和技术条件，他虽有观察脏腑的机会，但并没有机会亲手解剖尸体，因此，他的著作中难免会存在一些错误和局限，但这在当时已经是非常难能可贵的了。从 1830 年《医林改错》首次出版到 1950 年，此书共再版四十次，创造了中国医学著作再版数量之最，足见其在中国医学界影响之重大。

知识加油站

天人合一

天人合一是最具代表性的中国古代哲学思想。天代表道、真理、法则，天人合一就是人与先天本性相合，回归大道，归根复命。天人合一不仅仅是一种思想，而且是一种理想的生存状态。天人合一哲学构建了中华传统文化的主体。

清东陵石像生

第三章

推陈出新 主张奇特

治病之要诀，在明白气血。

——王清任

王清任不仅重视解剖医学对于脏腑的作用，而且尤其重视气血变换对于人体生理及病理的影响。自始至终，王清任都认为人体所产生的任何疾病，无论是外感还是内伤，都是由于气血失常而导致的。王清任在临床当中，治疗过无数由于气血失常而导致疾病发生的患者。提到半身不遂，大多数人通常都会把它联想到老年人的身上，但其实小儿也有身患半身不遂的可能。在王清任的行医过程当中，他就曾经遇到了一个身患半身不遂疾病的小儿，这个病例令他久久不能忘怀。很多人都会疑问：“为什么小儿也会患有半身不遂？”王清任认为只要是过了周岁的孩子，都有患上

这种疾病的风险。但是突然生病的却比较少，他们大多都是由于前期得了伤寒、痘疹、吐泄等病所致。小儿生病之后，大多表现为面色惨白发青，逐渐手脚活动受限，有的孩子甚至会出现手足痉挛的表现。出现这种症状的原因，大多是人体正气不能通达于四肢。但是古人对于小儿半身不遂这种疾病的认识，只是停留在治风的层面，王清任认为这是古人阅历不足所致。

王清任通过一系列的临床及解剖实践，总结出了气虚血瘀理论。王清任认为因为人体内正气不足，身体虚弱，虚弱的身体不能推动血液进行正常的运行，最终导致血液形成淤堵。因此，只要平衡好气血，疾病痊愈起来就会相对容易很多。王清任对于气血的认识，不仅为其

山脉

独创的活血化瘀法奠定了坚实的基础，而且对我国医学中的气血学说的发展也功不可没。

在中医的病因病机当中，气虚会引起很多种类的疾病。日常生活当中有好多疾病确实是由于气虚所致，常见的有癫痫、中风等。王清任发现中风前有些患者会突然出现头晕耳鸣，但这种头晕不会持续很长时间，通常是几分钟不等。与此同时，一些患者在中风发病前还会出现下眼皮和嘴唇的不自觉跳动，以及记忆力变差，失去对语言的组织能力，不能清晰地表达出自己想要表达的内容。王清任通过对其发病前的症候观察，以及对其发病中的临床表现的观察，总结出这些症状大多是由于气虚所致。

清代药罐

临床当中，瘀血的表现有很多种类。自古医家大多认为瘀血的病因病机很复杂，并且治疗起来也很困难。王清任却不这样认为，他对瘀血的认识十分简洁明了。他将瘀血的患者大体分为三大种类，一是平时肝气郁结爱生气的人，以及夜里睡眠质量较差，甚至难以入睡的人；二是单纯感觉疼痛的患者，例如头痛、小腹痛、胸痛等的患者；三是皮肤表面出现异常的患者，例如脸上有青记、牙床不是粉红色而是呈现出瘀紫的患者。在此基础之上，王清任认为凡是久病不愈的患者，都有血瘀的可能性，因此他在诊治病程绵延的患者的时候，对血瘀的考虑从来都没有忽视过。

气血理论是中医学中的重要理论，中医学认为，人体之中气血有着非常重要的作用，气血的任何一方出现问题，或气血之间的协调出现异常，均会导致脏腑功能失调，引起多种疾病的发生。气虚、血瘀是“气血为病”

的重要病机，王清任对中医的气血学说也有了新的发挥，他认为，气血是人体中的重要物质，气是人体生命之源，人的一切活动均由气所支配，血瘀多由气虚所致。依据自己多年的行医实践，他列出了四十多种气虚证和五十多种血瘀证，创立了补气活血与逐瘀活血两大治则，这是他对中医治疗学的一个重要贡献。在活血化瘀理论指导下，他自制了数十种活血化瘀方剂，疗效显著，为后世医家沿用至今。而他所开创的活血化瘀理论研究，也成为现代中医研究的一个热点问题。

气滞与血瘀是两个相互联系的病症，临床上气滞可以导致血瘀的发生，血瘀也会导致气滞的出现。针对气滞血瘀所产生的疾病，王清任灵活地将活血化瘀药与疏肝理气药进行搭配，目的是使人体内的正气运行正常，从而带动淤堵的血液正常工作，正所谓“气为血之帅”，

古代药碾

川芎

代表名方有血府逐瘀汤、癫狂梦醒汤等。

王清任行医多年，治疗了无数的癫狂患者。来王清任这里求医的癫狂患者，他们大都情绪不定，喜怒无常，有一些病情较重的患者，甚至上一秒钟还在骂人，下一秒钟就可能放声高歌。发病者种种异常的举止表现，是不避讳任何人的，哪怕是面对自己的亲人，患者们在行为举止上也不会有半点改变。王清任面对这样的患者，首先会思考他们的气血问题。王清任认为，凡是这种表现为如同做梦一般的患者，他们都是由于气血凝滞于脑，而引起神智异常的行为，于是独创了癫狂梦醒汤。

王清任在临床上对于血府逐瘀汤的应用也是十分普遍的，尤其是

对于头痛病的治疗。王清任曾说过：“针对头痛这一病症，大多数医家认为对于外感头痛的患者，一定会出现发热和恶寒的表现，发散热量即可治愈；对于体内有积热的患者，一定会出现口渴、舌干的表现，用承气汤即可治愈；但是对于那些既没有表征，又没有内征，并且病情时好时坏的患者，一般的医生是很难治愈的。每当这时，只要服用了我的血府逐瘀汤，一剂便可治愈。”

有些患者看起来有气无力，好似元气大伤一般。患者之所以出现这种情况，多是由于长期生病或脏腑极度衰弱所致。这种病症最终会导致人体正气不能在各个经脉中顺利运行，从而最终形成血瘀的现象。针对这种病症，王清任采取将补气药与活血药双管齐下，代表方剂有补阳还五汤，这也是著名的补气活血的代表方药之一。

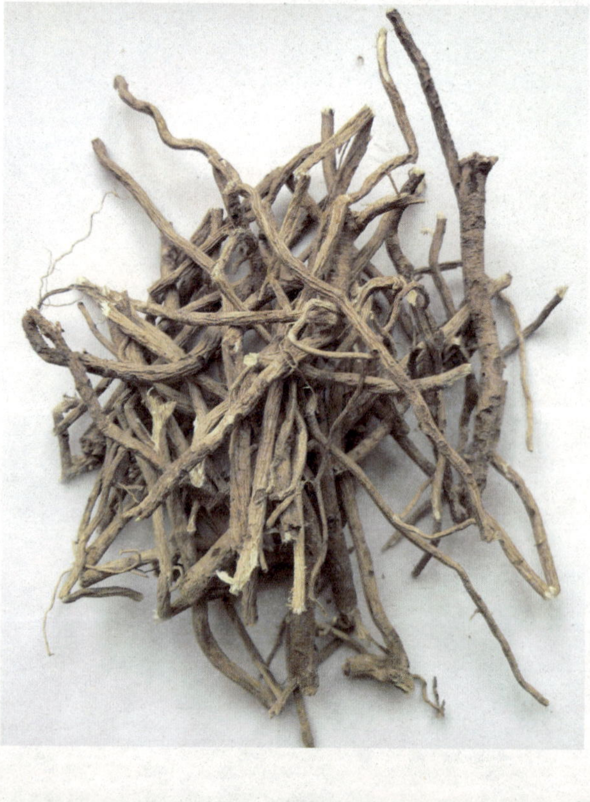

黄芪

嘉庆像

在嘉庆年间，清朝有位军机大臣，名字叫作卢荫溥，当时他不幸患上了中风病，整日口眼歪斜、半身不遂。皇帝见此情形，心想这卢荫溥曾经没少为我效力，今日我这大好江山，多多少少也有他的功劳，如今他患病在身，我不能见死不救。于是皇帝为卢荫溥派来了在当时医术比较高明的太医。尽管太医兢兢业业地为其诊病，但最终还是无济于事，卢荫溥依旧是大小便失禁、语言不利。就在卢荫溥心灰意冷之时，有人向他推荐了王清任。卢荫溥抱着试试看的态度，派人前去请王清任来为他治病。

王清任经过一番望闻问切之后，似乎对卢荫溥的病症了如指掌，提笔便要开方。卢荫溥见此情形，连忙问道："王先生，在您看来，先

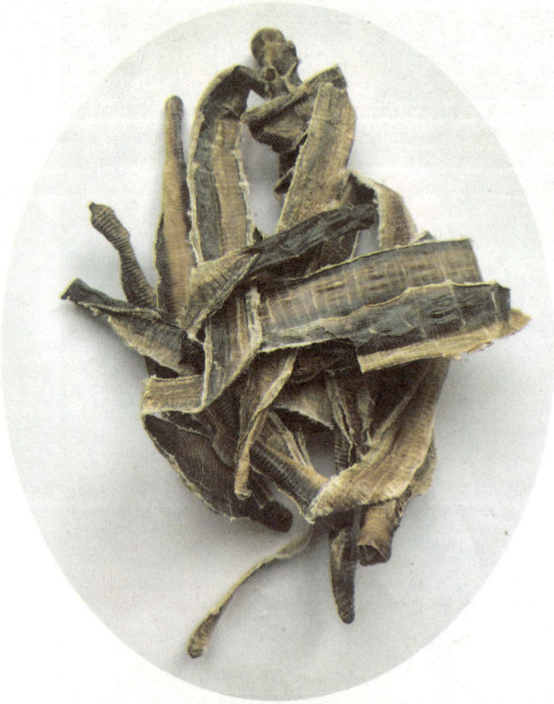

地龙

前的郎中给我开的药怎么样？”王清任拿过药方，思考片刻说道：“他给您开的确实是活血通络之药，当归、赤芍、红花、地龙这些都是活血通络的良药。”听到王清任这么回答，站在一旁的家人紧接着忍不住又问了一句：“王先生，既然您说它们均为良药，那为什么服用以后，一点儿效果没有呢？”王清任笑了笑，不紧不慢地答道：“虽然它们都是妙药，但是却缺乏一味君药，说白了此方剂缺乏一味主药，所以主药缺少，再好的配药又能起什么作用呢？气血正常运行，才会使五脏正常运行，气与血分别属阳与阴，只有阴阳平衡，人体才不会患病。患者现在的症状，是典型的气虚所致，因为黄芪为大补阳气之药，所以加上黄芪这味主药，疾病便可痊愈。”话音未落，卢荫溥及其家人便连连点头，连忙吩咐用人按照王清任的方子去药铺开药。果然卢荫溥在服用了王清任的药半个月之后，身体状况出现了明显的好转，不

中药橱

仅语言变得清晰了，而且可以自己下床进行简单的活动。

那个太医闻听卢荫溥的病被王清任治好了，心中多少有点儿不服气，心想：“我堂堂一位太医，竟然不如你这个民间郎中？”于是，太医亲自登门拜访王清任，问道：“听说您治好了军机大臣卢荫溥的病？请问您是用了什么方剂？能否向我指点一二？”王清任答道：“人体分为左右两部分，各有阳气五成，全身共计十成，此患者一侧肢体不利、言语不清，证明阳气已失五成，治疗此病的要点就是补其阳气，所以我就用以黄芪为主的方剂。”太医听后，连连点头表示称赞。这便是著名的“补阳还五汤”的由来。

红花

王清任善用黄芪，在所制的补气方中，黄芪的应用次数较多，用量很重。补气方多用活血药配伍，“补阳还五汤”是其代表方剂，直至今天仍为治疗中风瘫痪不可多得的经典良方，受到国内外医学界的高度评价。王清任在气血方面具有很独到的见解，并且对后世产生了较为深远的影响。

王清任很重视人体的正气，并强调人体内因的重要性，提出正气相当于人体防御机能和调节机能，是发病与否的关键。他在《医林改错》中列举气虚证二十种、气亏证四十种。如半身不遂，历代医家均以风火痰湿论治，而王清任经过临床观察和验证，提出了半身不遂属“气虚”的新观点，并列举了半身不遂先兆三十五条，还把瘫痿、难产等症也从气虚论治，充分显示了重视“气虚为病”的学术观点。

王清任在组方过程中，十分注意气机的调理在血瘀证治疗中的意义，常在活血化瘀药中加入调理气机的中药，使“气行则血行”，气通血活，疾病去除。他创立了十七条活血化瘀方，在中医辨证施治的原则下，根据气滞程度的轻重、血瘀部位内外不同，重视合理选用调理气机的中药。

王清任在处方用药方面，也有自己独到的见解。《医林改错》当中，一共收录了三十三

清茶

首方剂。这三十三首方剂都是他经过数十年的临床总结出来的经验。在《医林改错》的三十三首方剂当中，绝大部分都是以逐瘀活血为主，例如通窍活血汤、少腹逐瘀汤、补阳还五汤等。这些方剂在临床实践当中都取得了很好的疗效，时至今日，仍然被广泛地应用于中医临床当中。

王清任在用药方面很有讲究，十分注重“药引”的应用。他在临床当中经常用到的“药引”有黄酒、清茶、红糖水、盐水等。大量临床实践表明，“药引”的应用能够使方剂更好地被患者机体吸收。此外，在用药剂量方面，王清任十分注重每一味药物用药剂量的多少，因为他深知，由于每一位患者的病症不同，所以不同的用药剂量一定会产生不同的治疗效果。

直到今天，气血理论之所以能够取得突破性进展，都与王清任息息相关。补气活血法是王清任最擅长的一个临床疗法，他认为元气亏

虚是形成血瘀的罪魁祸首，因此要想治好气虚血瘀证，最应该做的就是补足其亏损的元气。临床当中他也确实是这样做的。面对这种类型的患者，他首先会给患者开出滋补元气的中药，例如党参和黄芪，真正做到补气与活血双管齐下，从而达到滋补元气、散尽瘀血的目的。

对于血瘀的治疗，王清任的少腹逐瘀汤可谓是千古奇方。此方为王清任经过多年的临床实践总结而得。据王清任所说，他的这个方剂可以治疗少腹积块疼痛、有积块不疼痛，或者是疼痛没有积块，也可治疗女子经期时，经血时有时无，总之这个方子的疗效十分显著。

更加令人拍手叫绝的是，这个方子可以治疗不孕不育。话说在道

六月初荷

光年间，有位官人虽然已经年过六十，但是仍然没有一儿半女，所以每天闷闷不乐。一日，他前来向王清任请教，王清任胸有成竹地说："您尽管放心，这个事情并不是什么难题。等到六月份的时候，就开始服用我的方药，每月五服，九月份就可以怀孕，等到来年六月份您就有儿子了。"那官人按照王清任所说的去做，次年果然喜得一子。

王清任治病思想的特色在于对人体气血的重视。他指出："无论外感、内伤，所伤者无非气血。"因此，"治病之要诀，在明白气血"。经过治疗之后，使"周身之气通而不滞，血活而不瘀，气通血活，何患疾病不除"。王清任针对在邪气侵袭之下，人体正气亏虚、阴血亏

猪娃鞋

桂圆

少或血流瘀滞的机转，根据《内经》“血实宜决之，气虚宜掣引之”的理论，而采取了活血与补气共举的治疗法则。

王清任创补气消瘀之说，是因为他认识到在生命之本的气与血中，元气的作用更为重要。他说：“人行坐动转，全仗元气。”这种元气是什么呢？“元气即火，火即元气，此火乃人生命之源。”因此疾病的发生也多咎责于气的亏虚，如半身不遂的病人“亏损元气是其本源”，其“元气一亏，经络自然空虚”，所以导致“半身无气”的半身不遂症。王清任并具体解释：元气“若亏五成剩五成”，即可能发病。这种朴素的简要说明虽不能准确地表示量的概念，但与“亏二成剩八成”相比，不仅是数量的增加，而且可以看作是由量变到质变的一个转变，故防与治均从补气着手。纵观《医林改错》全书，内中无一破气之方，所

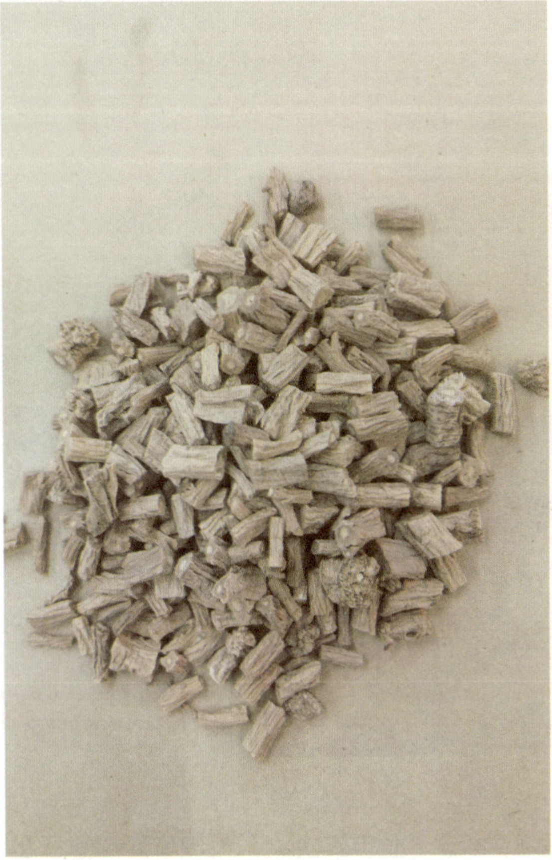

党参

创黄芪赤风汤，原方加党参三五钱皆可，不必拘泥。保元化滞汤治疗痢疾，初痢者可不必用黄芪，而久痢者则需加黄芪。即使用古方开骨散，也重加黄芪以收显效。此外，药物剂量也要顾及患者的身体素质，防止药重病轻而伤正。如通窍活血汤的服法规定“大人一连三晚，吃三服，隔日再吃三服。若七八岁小儿，两晚吃一服。两岁小儿，三晚吃一服”。可保立苏汤、通经逐瘀汤以及龙马自来丹、黄芪赤风汤中也都提示用量应因人而异，尤其是小儿更应按岁数的减少而递减药物剂量，不可多服，处处体现攻邪不忘护本的准则。

服药方法的灵活运用也必须符合护正的宗旨。如可保立苏汤是王清任创立的一个大补元气、温养脾肾的方剂，对于病久气虚的抽风小儿，在抽搐停止后，仍“告知病家，不可因不抽，遂不服药，必多服数服，气足方妥”，意在求本固根。再如王清任应用补阳还五汤治疗半身不遂及痿证时就指出，误治后的患者，其服用方法有所不同，若前医“用寒凉药过多，加附子四五钱。如用散风药过多，加党参四五钱”，以补正救偏，旨在固本元、护气血。

王清任治疗诸疾虽重在气血，但却能分清标本，灵活不泥。其固护本元虽有过于前人，但并非一味蛮补，“气血虚弱，因虚弱而病，自当补弱而病可痊；本不弱而生病，因病久致身弱，自当去病，病去而元气自复”。所以在治疗中，补虚与祛邪是相宜而用的。如治疗由

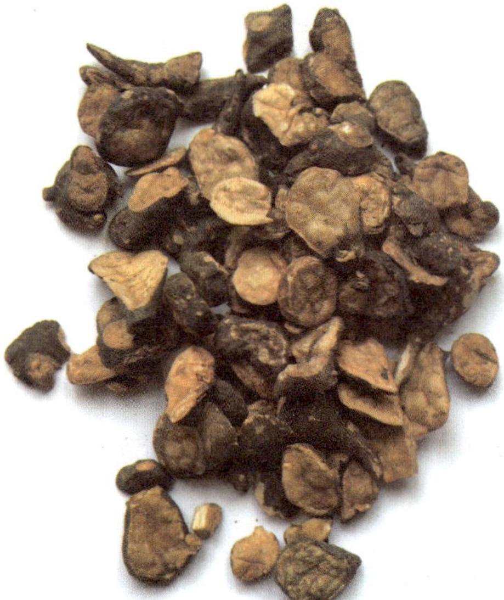

炮附子

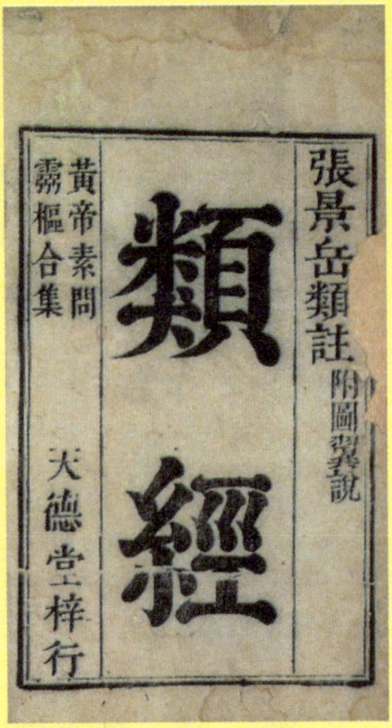

于气虚亏少而发生口眼歪斜之象的半身不遂患者，当补气为法。但若是由于风邪阻滞经络，气不上达头面而造成口眼歪斜的患者，即应采用散风通络之剂，“又非治半身不遂方（补阳还五汤）之所能为也”。前者正本亏虚，后者外邪侵扰，标本各异，治疗也不可混同。所以王清任在补阳还五汤方的服法介绍中指出：患病之初“依本方加防风一钱，服四五剂后去之”，实乃攻其所易，使表邪不内陷，虽以本为主，

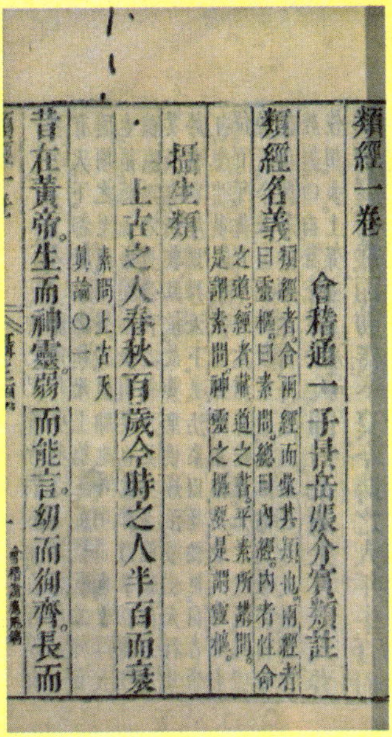
類經一卷
會稽通一子景岳張介賓類註
類經名義 類經者合兩經而彙其類也。兩經者曰靈樞。曰素問。總曰內經。內者性命之道。經者載道之書。平素所講問。是謂素問。神靈之樞要。是謂靈樞。
攝生類
一 上古之人春秋百歲今時之人半百而衰
素問上古天真論〇一
昔在黃帝。生而神靈。弱而能言。幼而徇齊。長而

《类经》内文

但兼治其标，诚为标本同治的经验之谈。

对于邪气凌盛者，又当力专祛邪为要。如瘟毒滞留血脉的上吐下泻、霍乱之症，王清任不仅以解毒活血汤内服清解凉血，而且配以针刺放血以除瘟毒，直攻其相，邪去则正安。又如对于痘疹，王清任不仅认识到这是由于“遇天行浊气之瘟疫”而产生的一种流行性传染病，而且批评一些医者不明标本，“但论治胎毒，而不知治瘟毒，纵知治瘟毒，

清代药钵

而不知瘟毒巢穴在血”，所以他治疗痘疹，“辨明瘟毒轻重，血之通滞，气之虚实”，有的放矢，取得了良好效果。

在正气欲脱之危亡关头，又应以固脱为当务之急。如霍乱之症，一旦出现亡阳之象，即刻予以固脱救逆，纵然有舌干口燥、大渴饮冷等症状也不可畏惧迟疑，王清任急救回阳汤正为此而设。诚如《类经》所说：“正气既虚，则邪气虽盛，亦不可攻，盖恐邪未去而正先脱。”这些治验不仅说明了王清任攻邪适时，法贵精专，而且补气护本亦有峻缓之别。其有法有章，源于临症，用于临症，“知其要者，一言而终”。正因为如此，王清任在临床中能根据病情的转化，灵活采取不同的治疗方法。如治小儿痞证，他不仅采用通窍活血汤开通血脉，也可以血府逐瘀汤祛除瘀血，又可取膈下逐瘀汤消散积块，所谓的“三方轮服”，体现了在治疗的各个阶段中认清标本、分别击破的匠心运用。

王清任从大量的医疗实践中体会到有病早治、既病防变的重要性，认为一个良医尤其应该能够从患者细微的异常反应之中测知病变的存在和发生。他善治中风，而对于半身不遂发生之前的预兆，又“生平治之最多，知之最悉”。《医林改错》一书中罗列了头晕、耳鸣、肢节麻木、肌肉动等三十四种未病前之症状，并指出这些症状因不痛不痒，无寒无热，无碍饮食起居，人最易于疏忽。告诫医者病家必须见微知著，及早防治。又如小儿抽风一症，他列出了二十种先兆症状，且指出“但见一二症，则知将来必抽”。这与《千金方》所载二十余条抽风之预兆并不相同，说明王清任在临证中十分注重防病为先、祛病于初。对于危急重症，及早治疗更可防止病情的恶化。如王清任治疗瘟毒吐泻转筋的急性传染病，认为瘟毒进入血管，“将气凝结，壅塞津门”，必须在病初得之时，一面针刺尺泽放出毒血，一面投予清热解毒活血之药，祛除病邪，控制病势进展，以免损伤元气而发生抽搐或昏厥，甚至于“伤生”，从治验中证明了不失机宜的治疗确能达到转危为安、消除后患的目的。王清任这种未雨绸缪的治未病思想是他能够在诊疗中屡屡取得效验的一个重要因素。

知识加油站

君臣佐使

本义指君王、臣子、僚佐、役使四种人物身份，后引申为中医方剂学术语，指中药处方中各味药的不同作用分工，是指导方剂配伍的基本原则。

组成方剂的药物可按其在方剂中所起的作用分为君药、臣药、佐药、使药。

古代兵器

第四章

大医精诚　奇方传世

元气既虚，必不能达于血管，血管无气，必停留而瘀。

——王清任

中医学是在五千年中华大地上结出来的丰硕果实。这门科学是从实践中来，又到实践中去。年复一年，日复一日，正是在这样不断的探索与创新当中，中医学才不断地得以完善。

王清任从小就精通武术，在习武的过程当中，难免磕磕碰碰，因此身上的瘀伤常年不断，再加上他在观察尸体的时候，大多数尸体的脏腑之上也都有或多或少的淤斑，因此，对于血虚症的论治在王清任的眼里就变得十分重要。在临床上的大量实践当中，王清任先后总结出了五十多种关于血虚症的病症治疗方法。根据每种病症的不同，王清任采取辨证论治的方法，分别给予不同的对策，久而久之便形成了较为完整的治瘀理论系统。

王清任的治瘀理论体系主要分为以下几个方面：通窍活血法、分步逐瘀法、补气活血法、解毒活血法、温中活血法、理气活血法、温经化瘀法、回阳化瘀法、攻下逐瘀法、清热化瘀法等。其中对于通窍活血法的应用，王清任在临床上取得了很好的疗效。临床上有很多头发脱落的患者，前人认为这种症状是由于伤血所致，而王清任却不这样认为，他说患者之所以会出现脱发的表现，是由于血瘀所致。正是因为淤血阻滞，所以头发得不到濡养，才会大面积脱落。王清任曾说道："只要服用我的通窍活血汤，三服便可有效阻止头发脱落，十服就可以长出新发。"王清任开创的通窍活血汤在临床上取得了很好的疗效，深受广大患者的一致好评。

血病的病机，基本上可归纳为血瘀、出血、血虚三大类。血瘀是血病的重要病机，是指血液运行缓慢或瘀滞不畅。活血化瘀就是通过疏通脉道、畅旺血流以消除血滞的治疗方法。活血化瘀法是祖国医学宝库中的一份重要遗产，早在《黄帝内经》《伤寒论》中就已有论述。从秦汉以来，活血化瘀法得到历代医家的不断充实完善，而尤以王清任的成就最为卓著。

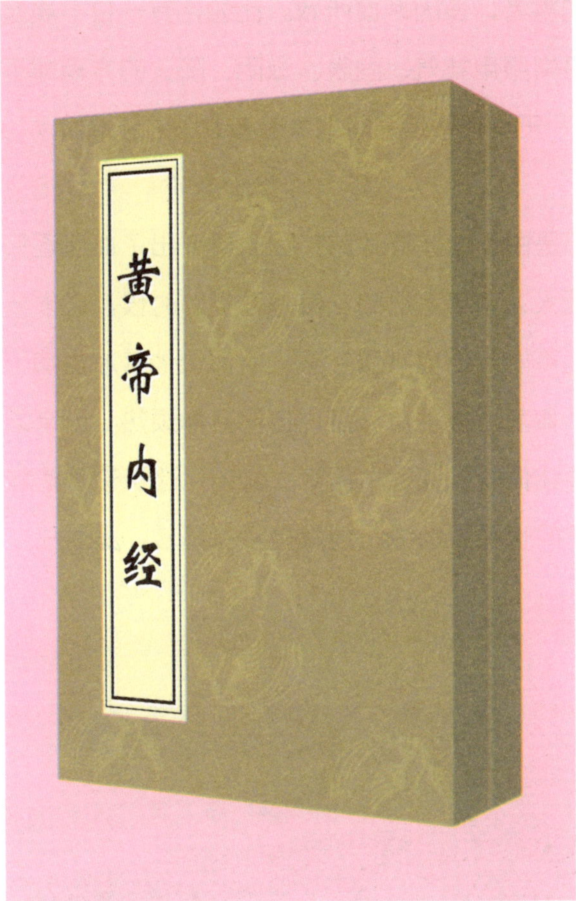

《黄帝内经》

《医林改错》中罗列血瘀证五十余种，王清任在总结前人经验基础上，根据血瘀部位的不同以及寒热虚实不同，创立了活血化瘀十四法，形成了较完善的治瘀理论体系。他在论述“气血为病”中，常以血瘀证和气虚证为重点，既重视气虚，也重视血瘀，提出“益气活血化瘀法”，奠定了他在活血化瘀研究领域一代宗师的地位。可以说，王清任是气血辨证学说的提出者和倡导者。

《医林改错》中有很多运用益气活血法的方剂，其中以补阳还五汤为代表。王清任还补充了很多血瘀证的辨证特点，认为经常规治疗或多法治疗仍无效甚至加重者，多因瘀血所致。比如，有一位早晨起床前虚汗多出的患者，平常服用补气、固表、滋阴、降火的方药却不见疗效，病情反而加重了，王清任于是果断地令患者改服血府逐瘀汤，病情很快就痊愈了。

王清任认为许多病都是由于血淤导致的，因此研究出了血府逐瘀汤。相传在江西有位巡抚大人，年事已高，每晚睡觉的时候，必须要将胸部暴露在外面，并且不能穿任何衣服。家人们都怕他着凉生病，几经劝诫，那巡抚还是不肯盖上被子，一直说自己身体烦热。无奈之下家人们请来王清任，想让他一探究竟。据家人介绍，巡抚这种症状已经持续了七年左右，期间也见过医生，但就是没有好转。王清任在

经过了一系列的望闻问切之后，分析道：“巡抚如今年事已高，身体虚弱是难免的，这么多年睡觉不盖被子，一定是感觉胸部烦热，这是典型的气滞血瘀的表现。对于他的病症，只需服用血府逐瘀汤便可恢复。”家人们按照王清任的吩咐，立马去药铺抓药，果然巡抚服用了之后，气血畅通，再也没有了之前的症状。

还有一个有意思的医案，说的是在一个大户人家里，有那么一个女主人，多年来一直都有一个习惯，那就是在她每天睡觉的时候，胸前必须有个女仆坐在上面，否则的话，便久久不能入睡。其实这位女主人与前面的巡抚所得之病为同一种，病因都是血液运行不畅。只要让其淤堵的部位畅通，那么疾病自然就痊愈了。果然，在服用了王清

清东陵建筑

柴胡

任开的血府逐瘀汤不久之后，妇人的病就治愈了。

类似的妙方还有很多，比如，他用止泻调中汤治愈了出水痘后泄泻不止的患者，用助阳止痒汤治愈了出水痘后瘙痒不止且嗓哑失音的患者，用足卫和荣汤治愈了出水痘后抽风及周身溃烂的患者。他选用麝香、老葱、黄酒通窍行气，配制成通窍活血汤，治愈了头面四肢周身血管血瘀的患者；选用柴胡、枳壳、桔梗通降胸胁之气，配制成血府逐瘀汤，治愈了血府血瘀的患者；选用乌药、香附、枳壳调理肝脾气机，配制成膈下逐瘀汤，治愈了肚腹血瘀的患者；选用小茴香、干姜、

黄酒

《神农本草经》

官桂温经调气，配制成少腹逐瘀汤，治愈了少腹积块、痛经崩漏的患者；选用柴胡、枳壳、桔梗、甘草理气利咽，配制成会厌逐瘀汤，治愈了痘后五六天饮水即呛的患者。

黄芪入药最早记载于《神农本草经》，历来为广大医家推崇。王清任尤其善用黄芪，补气药中首选黄芪，《医林改错》里三分之一的处方中都有黄芪，且用量很大，意在以黄芪补元气，在治疗上强调先补元气，使元气充沛而能行血，充分体现了重视元气的治疗思想。他曾用黄芪桃红汤治愈了产后抽风的患者，用黄芪赤风汤治愈了瘫痿患者，用黄芪防风汤治愈了脱肛患者，用黄芪甘草汤治愈了小便失禁的

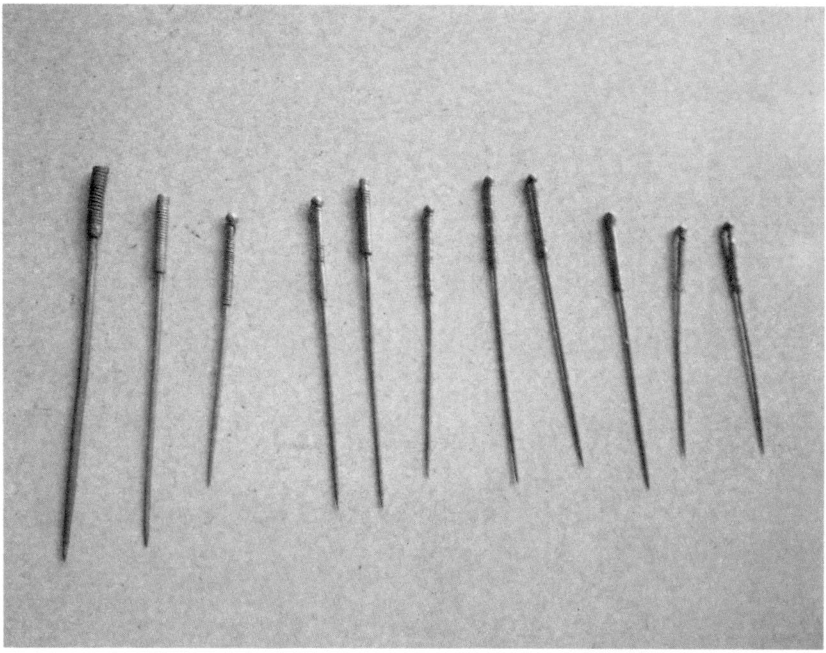
清代银针

老年患者，用黄芪配合通窍活血汤治愈了男子虚劳和牙疳病患者，用开骨散重加黄芪治愈了难产。

他的活血化瘀学术思想不仅为中医内科学做出了重大贡献，而且在针灸学临床上也得到了广泛应用。针灸临床应用活血化瘀治则，最常用的就是刺血疗法——用三棱针刺血，或用梅花针叩刺出血，或叩刺出血后再拔上火罐以增加出血量，起到排除瘀血、祛除瘀阻、疏通经络的功效。目前，对血瘀和活血化瘀法的研究已引起国内外医学界的普遍重视，形成了独特的医学体系。王清任对于血瘀论及活血化瘀治法的研究，从理论到实践均做出了巨大贡献，被誉为活血化瘀名家，

被公认为是活血化瘀派的代表人物。

对于疾病的辨治方面，王清任有自己独到的见解。在《医林改错》上篇当中一共可分为三大类别，分别是通窍活血类、血府逐瘀类和膈下逐淤类。首先是对于痛症的辨治，活血化瘀法是王清任常用的一个方法。在王清任行医多年的过程当中，曾遇到过这样的一位患者。患者一进门，就对王清任说道："医生，我的眼睛痛得很，家人说我的眼球都变红了，我是不是马上就要失明了？快救救我吧。"王清任定睛一看，果然患者的白眼球已经大部分都变成了红色。王清任沉思了一会儿，对患者讲道："请您放宽心，对于您的这类病，我见得多了，其实并没有您想的那么严重。这个病就是典型的爆发性火眼，是由于

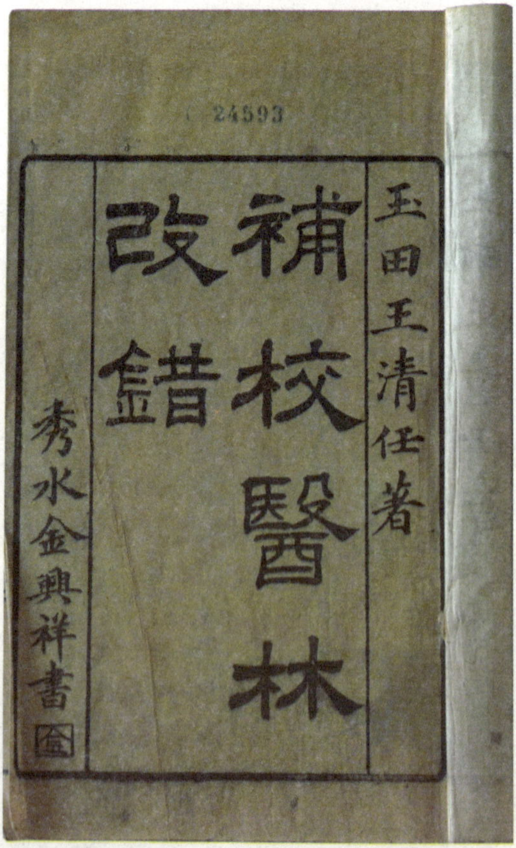

《补校医林改错》

大枣

血液凝结于眼球所致，所以白眼球才会变红，只要将淤堵在眼球的血液散去，疾病自然就恢复了。对于您的疾病，我建议先服用通窍活血汤，然后再服用加味止痛没药散。”患者按照王清任的说法照做，果然没过三天，疾病就痊愈了。

还有一次，一位患者在家人的陪同下，前来找王清任看病。只听那患者说：“我已经好几日没有安稳地睡过觉了，说来也奇怪，我也不知道因为什么，每当我晚上想要睡觉的时候，刚一躺下，就会感觉肚子里好像有什么东西一样。并且如果我向左侧翻身，那东西就会向左侧倾斜；如果我向右侧翻身，那东西就会跟着向右侧倾斜。总之这个东西折磨得我真是整日睡不得安稳觉。”王清任听后，令患者躺下，用手按了按患者的肚子，对患者说：“这是典型的腹内有血瘀的表现，你所谓的异物，正是淤血。我独创的膈下逐淤汤正是治疗您这种病症的方剂。”王清任就为患者开了几剂膈下逐淤汤，患者充满信心地回去了。果然没过几日，那患者再次登门，兴高采烈地对王清任说：“您真是神医呀，自从我服用了您的汤药，果然再也没有感觉肚子里有异物了，每日夜里都睡得无比酣甜，真是太感谢您了。”话音未落，那患者就要向王清任下跪磕头，王清任连忙上前将患者扶起，说道：“快起来，快起来，治病救人是医者的使命。”

对于血府逐瘀汤的应用，在王清任的行医生涯当中，还有很多医案。

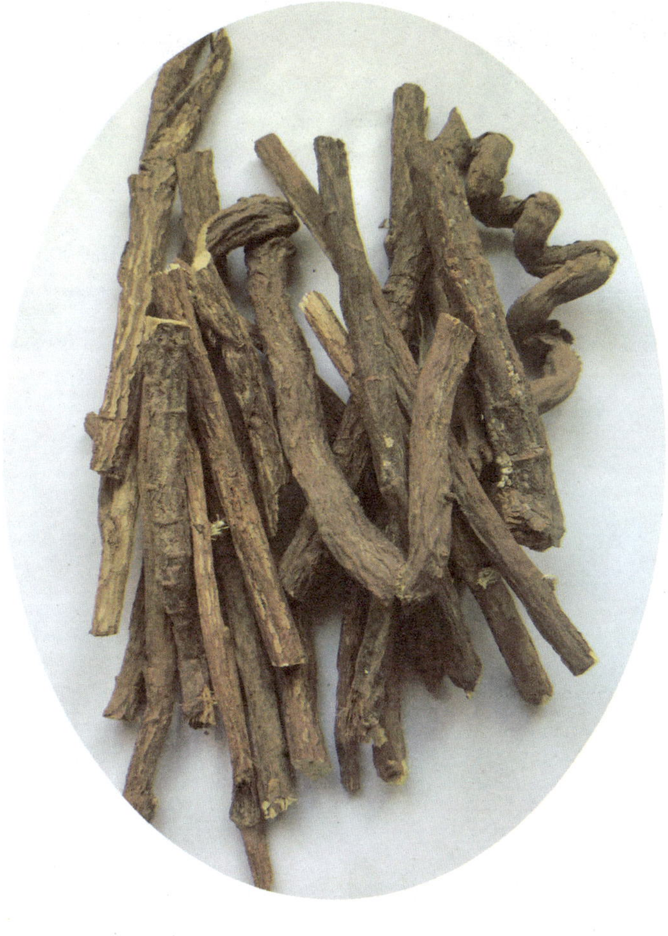

甘草

牛
膝

有一位患者给王清任留下了深刻的印象，患者是这样向王清任描述自己的病情的，他说：“我也不清楚自己到底是冷还是热，最近几天，我就感觉自己体外特别冷，但是心里又特别热，您说我这到底是怎么了？”王清任说道：“你感觉外冷内热。这不就是典型的灯笼病嘛。你之所以感觉心里有热，是因为淤血阻滞于心。这个病治疗的核心是活血，血活之后，热自然就会退去。有很多医者误认为这是虚热，所以会进行补法治疗，结果就是越补越淤。还有的医者认为这是实火，所以会进行寒凉治疗，结果就是越凉越凝。”果然患者在服用了三服王清任所说的血府逐瘀汤之后，再也没有了之前的症状。

知识加油站

黄芪

黄芪，亦作黄耆，作为中药材特指豆科植物黄芪的根。黄芪以其根入药，历史悠久，《神农本草经》把黄芪列为“上品”。《药性歌诀》《名医别录》《本草纲目》等均认为它有益气补虚的作用。

第五章

不拘旧论　开拓创新

治国良相，世代皆有；著书良医，无一全人。

——王清任

王清任是一位具有崇高医德的医家，他深知自己医治的对象是活生生、有血有肉的人，而不是没有生命的物。因此他非常看重自己的身份，对待医学的态度也十分严谨。他在借鉴前人优秀医学成果的同时，也指出了前人的一些错误。在此基础之上，王清任不断地开拓创新，以求更好地服务于广大患者。同时，他也希望后人们能够指出他的错误之处，同时加以改正，以求让医学不断进步。在他的脑海里，一直有这么一个观念，那就是“能把国家治理好的君臣，世代都有，但是能写好医书的良医，却很少见到”。

其实王清任在系统地整理解剖知识

时，也是困难重重，因为他所处的时代，正是清朝中晚期，封建思想在那个年代占有统治地位。古人认为“身体发肤，受之父母”，不可以有半点损伤，否则就视为是对父母不孝顺。还有一种说法，治病救人是一件仁德的事情，不应该存在损伤患者身体的行为。用现在的眼光来看，古人的想法实在是令人难以理解。但王清任就是生活在那样一个封建的时代，在那个时代，受自古传下来的封建思想的影响，当时的人们是很难接受解剖这件事情的，所以王清任在进行脏腑解剖观察的时候，困难就可想而知了。

尽管解剖尸体困难重重，但王清任依然不忘初心，坚守本心，因为在他的观念里，“实践出真知”永远不会改变，他反对以及鄙视那些为了得出某些结论而擅自推测病情的医者。王清任的一生无论是从做人方面，还是从行医方面，可以说都始终保持着实事求是的作风。从他几次去刑场观察刑犯的脏腑，以及他多次去荒郊野外只为解剖义冢里已经夭折的孩童，不难看出他求真的精神以及对解剖医学的严谨态度。

王清任吸收了李时珍、金正希、汪昂等前人关于脑为元神之府、主记忆和思维等论说，以临床所见的病症联系解剖观察，发现脑与耳、

悬壶济世雕像

《医林改错》内文

眼、鼻、舌之间存在着实质性的器官组织联系。在《医林改错》中，他以脏腑实际观察为依据，对心脏及其血管系统和其他脏器加以详细描述，证明这些器官并无“贮记性，生灵机”的功能，纠正了“五脏藏神说”的谬误。他又依据“两目系如线长于脑，所见之物归于脑”“两耳通脑，所听之声归于脑”“鼻通于脑，所闻香臭归于脑”的事实，通过实验观察并结合多种脑病症状，得出了“灵机记性在脑不在心”，耳、目、舌、鼻、身各感官通过神经系统与大脑中枢联结并受其控制指挥的论断，比俄国生理学家谢切诺夫 1863 年发表论文《脑的反射》，确定脑为思维器官早了三十多年。

王清任通过观察还注意到，小儿刚出生的时候，大脑还未发育完全，囟门是软的，双目不会灵活转动，听力和嗅觉都不完备，没有言语能力。到了满周岁的时候，大脑继续发育，听力和嗅觉都有了明显的提升，也能够说出简单的词语了。到了三四岁，脑髓已渐趋饱满，囟门已发育完全，双目可以灵活转动，听力和嗅觉已发育完备，可以说出完整的句子。他由此得出结论，小儿初生时没有记忆力的原因，是脑髓尚未发育完满，老年人记忆力衰退，是因为脑髓逐渐萎缩。他又据此进一步推测，脑功能的形成是从胎儿时期就已经开始了的。

王清任还用脑髓理论来解释痫证、小儿惊风、成人气厥等病症，认为治疗癫狂的关键在于令脑气与脏腑不接，于是配制出专治癫狂症的癫狂梦醒汤，以龙马自来丹与黄芪赤风汤治疗痫证，用可保立苏汤和足卫和荣汤等治疗小儿惊风，疗效显著。

20 世纪下半叶以来，国际医学界公认的临床死亡标准是“脑死亡”，

枸杞

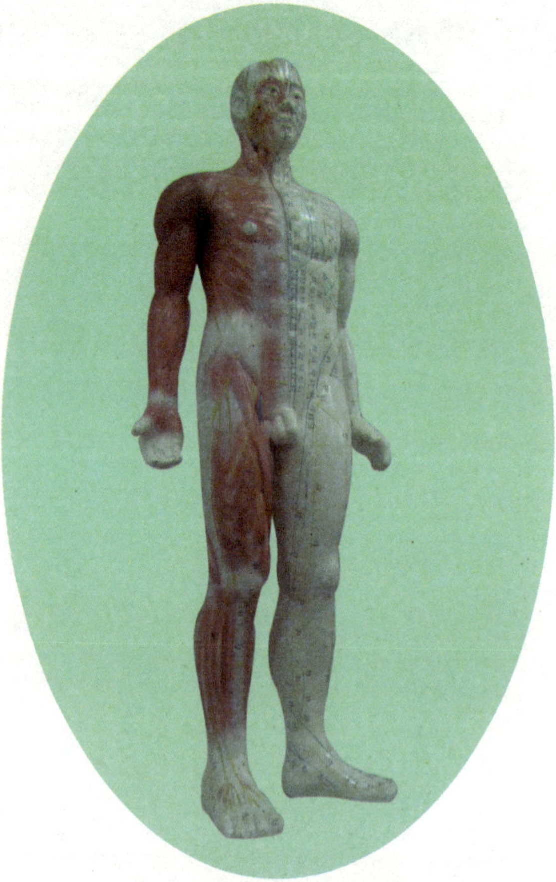

现代人体经脉模型

是 1968 年首先由美国哈佛医学院提出的“脑死亡标准”。而王清任早在 138 年前就明确提出了脑死亡标准，《医林改错》中专门著有“脑髓说”一章，认为“脑髓中一时无气，不但无灵机，必死一时，一刻无气，必死一刻”，也就是说脑髓当中一旦没有了“气”的存在，人体不仅会失去思考的能力，而且会立即死亡。这就将脑的功能活动与人的生命活动直接联系起来，可视为世界上最早的脑死亡学说。

王清任还在《医林改错》中最早提出了神经交叉学说。他在接触了众多半身不遂患者后发现，“凡在左半身不遂者，歪斜多半在右。

右半身不遂者，歪斜多半在左”，于是大胆提出“人左半身经络上头面从右行，右半身经络上头面从左行，有左右交叉之意”的假说。中医学术语里虽无“神经”一词，但中医学里的“经络”在功能上与“神经”十分接近。他的以上假说完全可以视为后世神经交叉学说的雏形。在西医学东进之前，王清任关于脑和神经生理功能的以上认识堪称创举。

北方的冬季气温较低，容易得心脑血管疾病，患有该种疾病的患者，多伴有半身不遂症状的出现。半身不遂的主要表现为一侧肢体运动障碍。王清任认为外感风邪和风火痰湿都不能导致该症状的出现，究其根

北方寒冬

源在于患者自身元气亏虚。元气贮藏在人体气管内，人的一切日常行为，如跑、跳、坐、站，都是在元气的支撑之下得以完成的。如果元气丰盈，则全身的各个经络都能正常运行；一旦元气亏虚，周身经络自然无法充盈，就会使仅剩的元气向健康的一侧归顺。久而久之，没有元气的一侧肢体就会出现半身不遂的症状。中风的患者多半还会表现出一系列其他症状，如口眼歪斜、大便干燥、小便频繁、口角流涎等。这些症状归根结底都与气虚有关。例如，口角流涎是因为气虚不能固摄津液，所以津液就流了出来。至于大便干燥，则是由于身体气虚，没有力量推动胃肠蠕动，最终导致大便干燥。

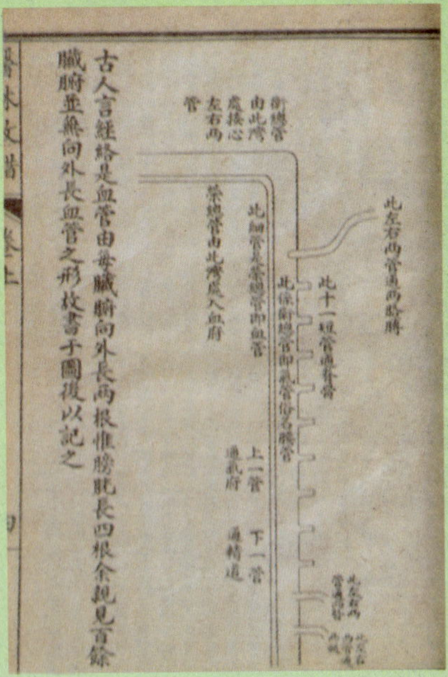

《医林改错》内文

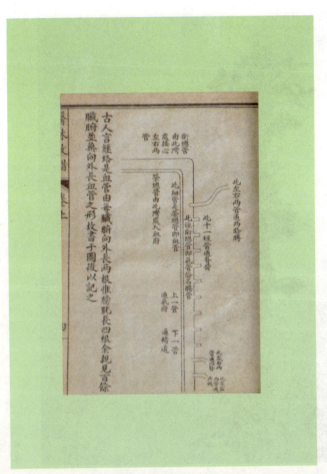

故宫屋脊

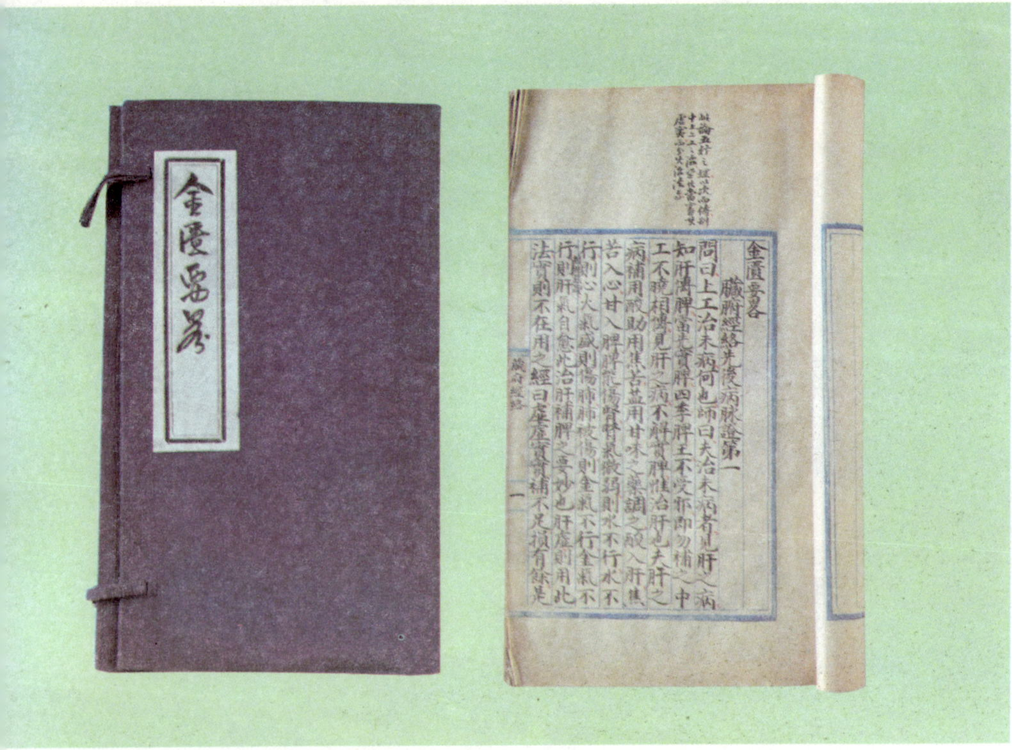

《金匱要略》

王清任的过人之处，不仅在于他探究出了中风的本源。在此基础之上，王清任在《医林改错》中曾提到凡是病灶在左侧的患者，体现在身体上的症状都在右侧；同理，病灶在右侧的患者，表现在身体上的症状都在左侧。尽管有如此奇怪的现象，但是苦于没有古籍可做参考，所以王清任也没有办法下定论，他渴望能有一位高明的医生经过一番细心的临床总结之后给出最终结论。此外，王清任每治愈一位中风患者，都会细心地询问其患病前的症状。由于其临床上的病例基数较大，所以各种情形的患者他都有所接触。时间一长，王清任对于中风患者发病前的症状就有了大量的临床积累，在其《医林改错》当中，提到了三十四种中风之前的症状，为人们预防中风病的发生提供了强有力的支撑。

知识加油站

汉方医学

中国传统医学在大约7世纪时从中国经朝鲜传入日本。江户时代，为与从欧洲传入的“兰方医学”以及日本自有的“和方医学”相区别，便将源自中国的传统医学称为“汉方医学”。汉方医学以《伤寒杂病论》《伤寒论》《金匮要略》为主要经典，治疗方法以草药、针灸、按摩为主。

第六章

实证求真 精研治学

余著《医林改错》一书，非治病全书，乃记脏腑之书也。其中当尚有不实不尽之处，后人倘遇机会，亲见脏腑，精察增补，抑又幸矣！

——王清任

唯有一人不可不特笔重记者曰王清任，所著书曰《医林改错》，诚中国医界极大胆之革命者。

——梁启超《中国三百年学术史》

王清任从小就酷爱读书，再加上自己的祖辈均从医，所以家里有很多医书古籍，也正是在潜心研读医书的过程当中，王清任发现前人关于脏腑理论的记载有很多错误之处。但是迫于当时医学条件的限制，王清任没有办法了解更多的解剖知识，他认为如果不了解脏腑的基本构成就去行医，无异于是盲人在走夜路。于是，他下定决心，从此踏上了长达四十余年的解剖之路。

嘉庆二年（1797 年），王清任在滦县行医，正值小儿疾病流行，每天都会有数百名儿童死于这种顽疾。王清任置自己的生死于度外，完全不考虑自己可能被感染上疾病的风险，认真研究了几十具儿童尸体的内脏。正是这种严谨的求学态度，他发现小儿的脏腑构成并不像古籍医书里记载的那样，并不是“五脏六腑成而未全”。在后来实地考察尸体脏腑的过程当中，王清任又先后在北京、奉天等地现场观察成人尸体。经过四十几年细致入微的观察与研究，他终于发现人的体腔分为胸腔和腹腔两大部分，而分隔这两大部分的组织正是膈膜。至此，王清任明确了膈膜在人体脏腑当中的位置，并提出了人体内只有一个膈膜的观点，同时纠正了前人所说的人体共有两个膈膜的错误说法。王清任对待医学的这种孜孜不倦的求真务实态度，值得我们每个人学习。

王清任不仅对人的尸体有很深的研究，与此同时，对动物尸体的研究也很用心。他之所以对动物的尸体深入研究，是为了更好地与人

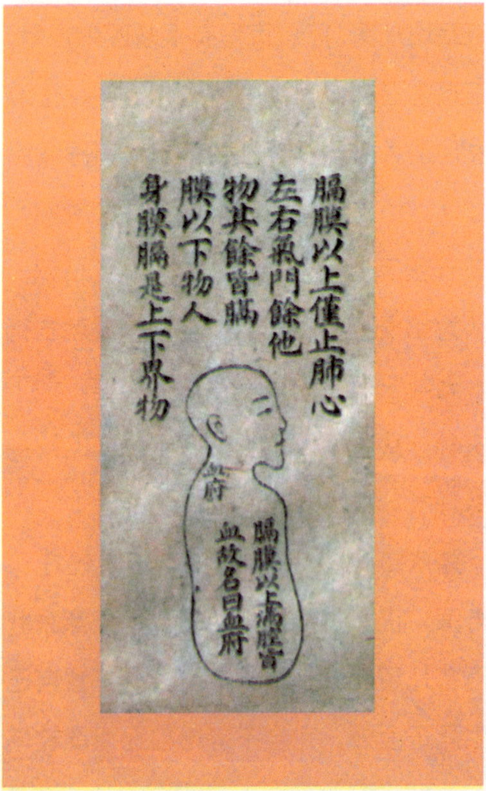

手绘人体脏腑示意图

解剖 JIE
剖 POU
大 DA
家 JIA

106

王 WANG
清 QING
任 REN

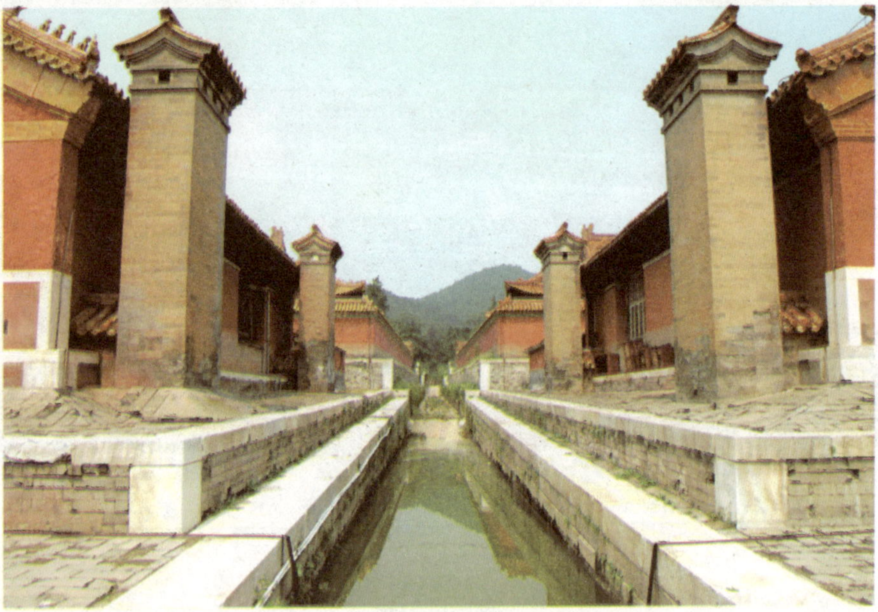

清东陵

《医林改错》内文

类尸体进行比较，以便更好地服务于医疗事业。王清任曾说过：“我不渴望名垂千古，也不怕后人怪罪我，我只希望我们从医的人，在治病救人的过程当中，能够有所依据，不至于不清楚自己在做什么，从而导致最终达不到满意的治疗效果。”正是怀揣着对医学的这种敬畏之心，王清任在道光十年（1830 年）终于完成了他的绝世佳作《医林改错》。

清代中前期盛行的考据之学，对王清任医学研究的影响不可低估。考据之学反对空谈理论，讲求实证核验，强调以事实证据作为著书立说的根本。《医林改错》注重形体解剖，注重临床实践，正是清代乾隆嘉庆年间考据实证之学盛行的具体体现。王清任对于医学的态度，可谓十分严谨。例如在三焦的认识方面，古人对于三焦的定论可谓层出不穷。有的人认为在人体内有两个三焦，一个是主管上半部分的手少阴三焦，另一个是主管下半部分的足太阳三焦；还有的人认为三焦分布在人体的不同地方，上焦在胃之上，中焦在胃中脘，下焦在肚脐下；甚至还有的人认为在人体内有很多层薄膜，其中颜色最红的那一层就是三焦。前人对于三焦的认识，自相矛盾的地方有很多，所以王清任对于前人的观点并不赞同。在王清任的时代，中医学术发展停滞不前，陈陈相因，尊古成风。王清任以其医学理论和临床实践的大胆创新，极大地丰富和发展了近现代中医学的治疗原则和方法。这种把传统的中医理论整体观与解剖分析研究相结合的思路方法，对推动和发展祖国传统医学，无疑具有深刻的启发性。他的学术思想对后世国内外学者均产生了深远影响。自《医林改错》刊行后，血瘀证及活血化瘀法

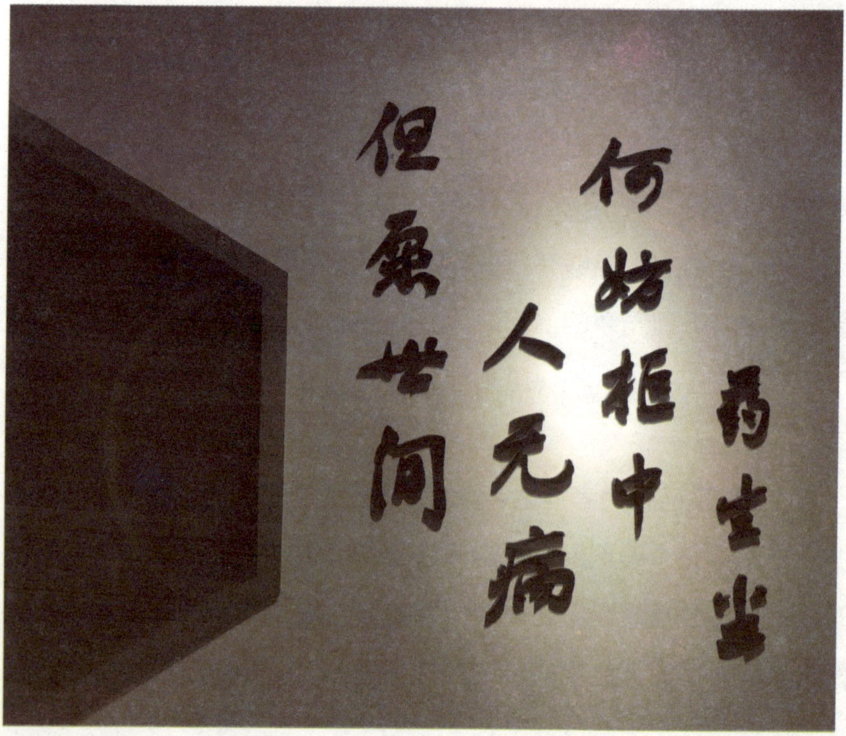

中医名言

《血证论》内文

日益引起广大医家的重视，如晚清唐容川所著《血证论》八卷，临证发挥极多，民国时期著名医家张锡纯善用益气活血法治疗多种疑难杂症，尤其喜用黄芪，都得益于《医林改错》。

比起王清任创立的理论和名方，他的治学精神也毫不逊色。王清任治学颇有成就，却一生谦虚谨慎，不图虚名，曾以一副对联自嘲：“也开小药铺，学着糊弄人。”历时四十二年绘得脏腑全图，却并不以此自满，在《医林改错》自序中说：“余著《医林改错》一书，非治病全书，乃记脏腑之书也。其中当尚有不实不尽之处，后人倘遇机会，亲见脏腑，精察增补，抑又幸矣。”他注重医疗实践，反对主观臆断，主张著书立说“必须亲治其症，屡验方法，万无一失，方可传与后人”。正因为王清任的务实，所以能对个人的见解抱着谦虚的态度。对于自己的著作和观点，他坦承“病有千状万态，不可以余为全书”。

在王清任的行医生涯当中，还有过这样一件事情。话说清朝有位驸马，倚仗着自己的权势，常常目中无人，对身边的人也是十分不友善。有一天，王清任刚好从他的门前走过，还没等走出多远，就听见后面几个人直嚷嚷，回头一看，原来是几个士兵把一个人从驸马的院子里扔了出来。王清任赶忙返了回去，到跟前仔细一看，原来是朝廷里的一位医生，只见这医生体无完肤，身上都是青一块、紫一块的淤斑，已经不省人事。王清任见此情形，并没有一走了之，而是想着如何应对。

这时过来了一位士兵，对王清任说："您赶紧走吧，一会儿驸马出来了，您就麻烦了。"原来这位士兵与王清任之前就认识，士兵本是出自穷苦人家，母亲身患哮喘之病无钱医治，王清任听闻此事，亲自登门为老人家治病。也正因为如此，士兵的老母亲多年的哮喘就这样被王清任根治了。从那时起，士兵对王清任的感恩之情便犹如一粒种子，在心底里开始萌芽。刚好这一天士兵看见王清任在驸马的门外，

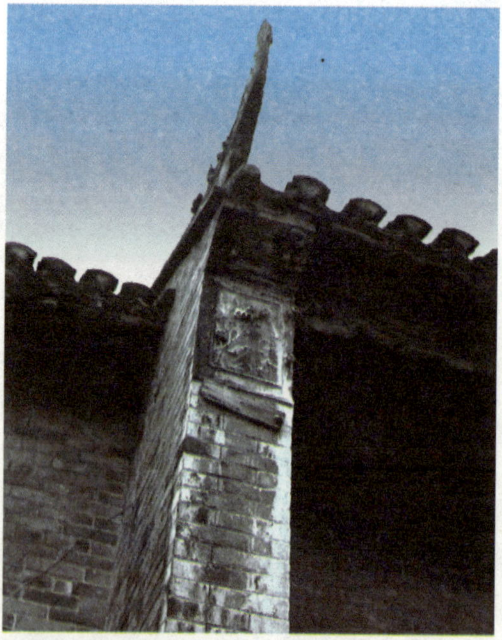

清代民居一角

破土而出

于是就劝他立刻离开。王清任怎能说走就走，非要问个究竟。那士兵低声说道："我们驸马有个十几岁的小格格，不知为何，最近一段时间里，肚子越来越大。于是驸马请来了好几位御医，他们都说格格怀孕了，但是格格至今还未出嫁。驸马当然十分恼火啊，于是就这样对待这些御医。我劝您赶紧离开，不然驸马让您诊治，您就倒霉了。"

王清任又问道："格格究竟是怎么患的病？"士兵答道："其实格格为人很不正派，作风并不好。我也认为她是怀孕了。我跟您说的话，您千万别跟外人讲，不然我的小命就不保了。"王清任听罢，点了点头，背起地上受伤的医生就回家了。回到家后不久，那位被士兵扔出来的医生就醒了过来。王清任赶忙询问格格的状况，那医生说道：“格格就是身怀有孕，而且在一个月内一定会生产，如果驸马找到你，你就胡乱说一个病名，然后开一服打胎药，这样你就能幸免遭遇我这种不公平的待遇了。”王清任摇了摇头，说道：“我不会这样做的，我自有万全之策。”

果然没过几天，驸马就派人来请王清任到府上为格格看病。驸马见到王清任之后，说道：“我家格格最近肚子越来越大，不知是何种原因引起的。格格还没有出嫁，之前的几位太医满嘴胡说八道，所以我只好把您请来了。”王清任心里早就知道是怎么回事，平静地说：“来，张开嘴，让我看看你的舌苔。”说时迟那时快，格格刚一张开嘴，王

清任就将事先准备好的催产药弹入了格格嘴里。没过多久，只见格格满头大汗，在床上疼得直打滚。驸马见此情形，不知所措，王清任对驸马讲：“驸马您莫慌，格格马上就要痊愈了。”话音未落，只听床上传来了阵阵婴儿啼哭声，王清任走到驸马身前，拱了拱手，便告辞了。可谓“好事不出门，坏事传千里”，不久之后，驸马家格格的事情便传遍了整个京城，从此之后驸马颜面大失。正因为如此，驸马一心想着如何报复王清任，而王清任早就料到了驸马的把戏，离开京城，回到了自己的家乡。从这个小故事当中，我们不难看出王清任除了医术高明之外，他还不畏权势，不会因为惧怕驸马从而去说一些违背医德的言论。时至今日，这种不畏权贵的态度仍然值得我们每个人学习。

王清任行医立论，注重实践应用。在行医过程中，与其他医家一样，

故宫博物院

总是会遇到各种纷繁复杂的病例。在这种情况下，很多医生要么生硬地套用前人的古方，要么心无定数，牵强附会，随意下药，要么束手无策。而王清任认为，其中若有原因不明者，或以其他方法屡治无效者，均以血瘀而论治。有一次，一位头痛的患者，换了很多方子仍久治不愈，面对这种无表征、里征、气虚和痰饮征象的头痛，王清任果断地以血瘀论之。患者服下他的血府逐瘀汤后，病情果然大为好转。再比如对于各种不明原因的脱发、肚腹疼痛、火眼、糟鼻、耳聋、胸痹、多汗、呃逆等症，他都以通窍活血汤和血府逐瘀汤治之；疗效十分明显。对于痞结、症块、肾泻、久泻等症，均采用膈下逐瘀汤治之，对于小腹积块、痛经、带下、崩漏及不孕、滑胎等症，均采用少腹逐瘀汤等剂。针对以上多种病症均采取活血化瘀的同一治则。同样，对于半身不遂和小儿抽风六十余种气亏之症，也均以气虚为同一治则。这些都体现了王清任面对疑难杂症时的深刻洞察力和大胆超越古人成规的创新胆识。

王清任总结经验，必“亲治其症，屡验方法，万无一失，方可传与后人”。即使对于书中的词章文法也注意“文义多粗浅”以及“语句多复重”，其旨唯在于更广泛地应用到实践中去，因此，对后世的临床实践有着重要的指

麝

解
JIE
剖
POU
大
DA
家
JIA

——
118
——

王
WANG
清
QING
任
REN

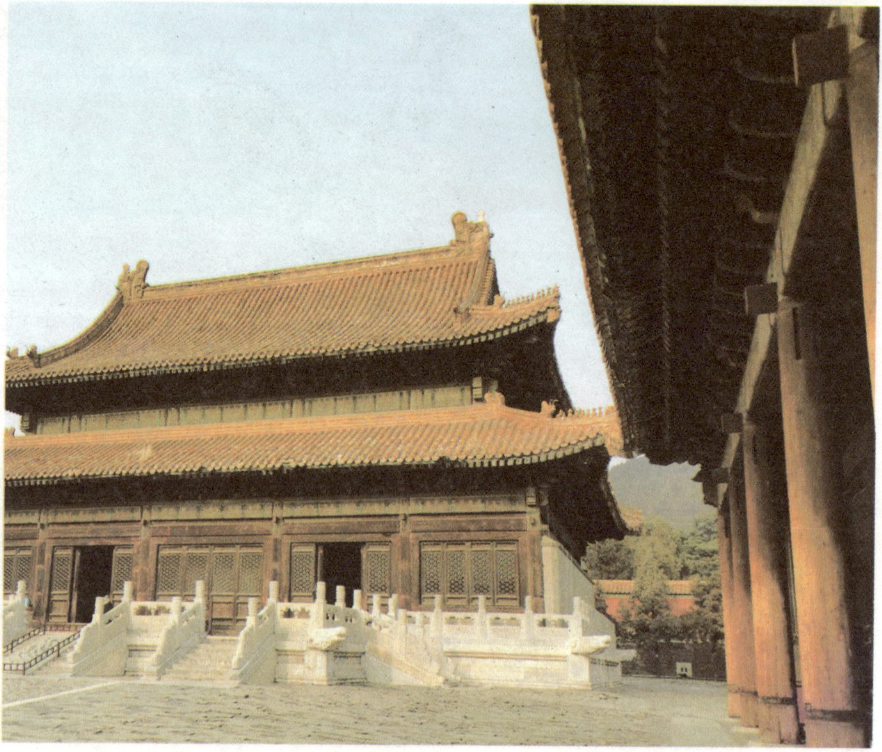

清东陵建筑

梁启超像

导和影响作用。

王清任善于从读书思考中作对比，发现古典医籍中的问题，并结合临证探求真理。“古人立方之本，效与不效，原有两途。其方效者，必是亲治其症，屡验之方；其不效者，多半病由议论，方从揣度。”足见其注重实证，师古而不泥。梁启超在《中国三百年学术史》中这样评价他：“唯有一人不可不特笔重记者曰王清任，所著书曰《医林改错》，诚中国医界极大胆之革命者。”

王清任的《医林改错》，无论是在信息极度匮乏的古代，还是在医疗技术水平相对高超的今天，都对医疗事业的发展做出了不可磨灭的贡献，这一点是毋庸置疑的。有的人认为王清任提出的脑髓学说，可

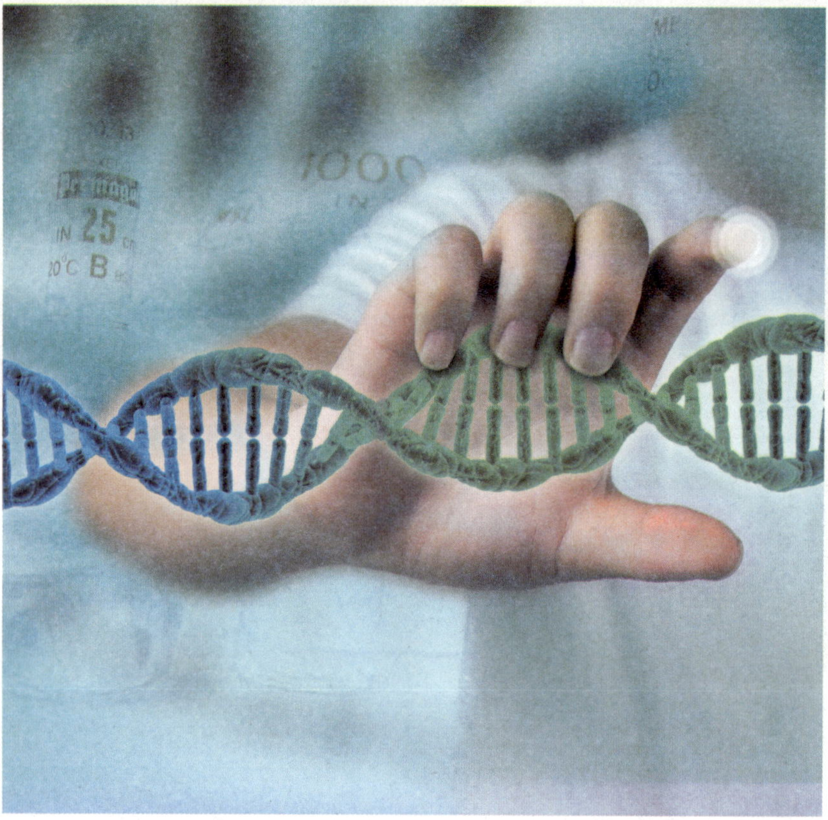

现代生物医学

以称之为是中国最早的“脑死亡”理论，并且更加难能可贵的是王清任还独具特色地开展动物实验进行对比研究；也有医家单纯地从《医林改错》的角度出发，肯定了王清任求真务实、不图虚名的学术研究精神。

王清任曾说：“我写的《医林改错》，并不是治病救人的百科全书，准确来讲，它是一部记录脏腑的书籍，那么我为什么要写此书呢？因为我一直认为，我们作为医生在行医之前，一定要明白脏腑的基本理论。换言之，如果我不懂得脏腑的原理而去写此书，那无异于痴人说梦。”在《医林改错》上卷当中，《亲见改正脏腑图》很好地体现了王清任对于脏腑与人体生理以及病理变化之间关系的认识。

《医林改错》全书载方仅三十三首，凝聚了王清任一生的心血。这些名方流传后世，至今仍广泛使用。对血瘀和活血化瘀的研究，已成为国内外医学界广泛重视的研究课题。如法国学者莎茨便把中医的“气血学说”与现代医学的神经学说提到同等重要的地位，认为这两个学说都是世界医学发展史上的关键学说，并认为“气血学说”的研究和发展，很可能会像神经学说的诞生一样，成为医学史上的重大革命。

医学界公认王清任为我国第一位真正意义上的解剖学家，《医林改错》也对后世医学的发展和进步起到了重要的作用。

知识加油站

考据学

考据学是一种治学方法，又称为考证学或朴学，主要的工作是对古籍加以整理、校勘、注疏、辑佚等，是运用考据方法，对古籍语义和历代名物典章制度进行研究、考核、辨证，以期确凿有据的一种学问。明清之际，学者顾炎武等主张“经世致用”，推崇汉儒朴实学风，反对宋儒空谈义理，开创了考据学之先河。